V&R Academic

Kleine Bibliothek der antiken jüdischen und christlichen Literatur

Herausgegeben von Jürgen Wehnert

Vandenhoeck & Ruprecht

Philo von Alexandria: Das Leben des Politikers oder Über Josef

Eine philosophische Erzählung

Übersetzt und eingeleitet
von Bernhard Lang

Vandenhoeck & Ruprecht

Bibliografische Information der Deutschen Nationalbibliothek

Die Deutsche Nationalbibliothek verzeichnet diese Publikation in der
Deutschen Nationalbibliografie; detaillierte bibliografische Daten sind
im Internet über http://dnb.d-nb.de abrufbar.

ISBN 978-3-525-53468-7

Weitere Ausgaben und Online-Angebote sind erhältlich unter: www.v-r.de

Satz: SchwabScantechnik, Göttingen
Druck und Bindung: ⊕ Hubert & Co GmbH & Co. KG,
Robert-Bosch-Breite 6, 37079 Göttingen

Gedruckt auf alterungsbeständigem Papier.

Inhalt

Einführung

Der Autor: Philo von Alexandria

Philo, zu dessen Namen meist seine Vaterstadt Alexandria in Ägypten hinzugefügt wird, lebte ca. 15 v. bis 50 n. Chr. Die genauen Lebensdaten sind nicht bekannt. Der jüdischen Oberschicht angehörend, trat er als griechisch schreibender Intellektueller und Philosoph hervor. Sein umfangreiches überliefertes Werk weist ihn als den bedeutendsten Vertreter des alexandrinischen Judentums aus. Über hebräische Sprachkenntnisse verfügte er vermutlich nicht, doch schrieb er ein vorzügliches Griechisch in der Form, die als Koine-Griechisch bezeichnet wird. Es war seine Muttersprache und die Verkehrssprache in allen Ländern, die an das östliche Mittelmeer unmittelbar oder mittelbar angrenzen, aber auch die Schriftsprache der Gebildeten. Das wenige, das wir über Philos Leben wissen, hat Reinhard von Bendemann in der Einleitung zu seiner Übersetzung von Philos „Freiheitsschrift" in dieser Reihe *(Quod omnis probus liber sit/Über die Freiheit jedes Rechtschaffenen)* zusammengestellt.

Mit Maren Niehoff dürfen wir innerhalb des Werks von Philo zwei Gruppen von Schriften unterscheiden: eine erste Gruppe, die vorwiegend der Bibelauslegung gewidmet ist und sich an jüdische Leser in Alexandria wende, und eine zweite Gruppe, die vorwiegend aus Biographien besteht und auf eine nichtjüdische, eher römische als griechische Leserschaft ziele. Die erste Gruppe ist der Frühzeit des Autors zuzuweisen, während die zweite Gruppe sein Spätwerk darstellt. Der Wandel von der ersten zur zweiten Gruppe vollzog sich, wie Niehoff vermutet, während der zweieinhalb Jahre, die Philo in Rom verbrachte (38–41 n. Chr.). Philo war als Leiter einer jüdischen Delegation nach Rom gereist, um beim Kaiser wegen antijüdischer Ausschreitungen in Alexandria vorstellig zu werden. Es war allerdings schwer, zu Kaiser Caligula vorzudringen, so dass sich der Aufenthalt in die Länge zog. Das Missgeschick des ungeplant langen Aufenthalts bot Philo die Möglichkeit, mit römischen Intellektuellen und ihrer reichen literarischen Kultur in Kontakt zu kommen. Philo dürfte über keine lateinischen Sprachkenntnisse verfügt haben, doch war das für seine Kontakte kein Hindernis, hatte doch das Griechische in Rom eine ähnliche Rolle wie bei uns das Englische – es war die Zweitsprache der Gebildeten. Unter Caligulas Nachfolger Claudius soll Philo eine seiner Schriften „dem ganzen römischen Senat" vorgetragen haben. Man habe seine Schriften bewundert und sie der Aufnahme in Bibliotheken gewürdigt – so der Kirchenvater Eusebius (*Kirchengeschichte* II 18,8). So unwahrscheinlich eine öffentliche Lesung im Senat auch sein mag, so spiegelt die Anekdote doch etwas von dem Wohlwollen, mit dem manche der Gebildeten Roms Philo begegneten.

In Rom dürfte Philo mit den damals vielgelesenen Schriften des Cornelius Nepos (100–25 v. Chr.) in Berührung gekommen sein. Nepos hat zahlreiche kurze Biographien bedeutender Griechen, Römer und einiger Barbaren geschrieben; erhalten sind u. a. die Lebensbeschreibungen Alexanders des Großen, des punischen Feldherrn Hannibal und des römischen Politikers Atticus. Diese Schriften dienen der Verherrlichung tugendhafter Männer; im Falle des Hannibal will Cornelius Nepos eine ausgewogene Darstellung vom Leben und Charakter jenes Mannes geben, welcher der größte Feind der Römer war. In Rom ist Philo außerdem der stoischen Philosophie begegnet, die in Cicero (106–43 v. Chr.) und Seneca (1–65 n. Chr.) ihre führenden und literarisch wirksamsten Vertreter hatte. Das griechische Ideal des unerschütterlich charakterfesten stoischen Weisen verbanden die römischen Stoiker mit einem zweiten Ideal: dem des für den Staat verantwortungsvoll und tugendhaft tätigen Politikers.

Diesen Anregungen verpflichtet, begann Philo, vielleicht bereits in Rom, mit der Abfassung einer Reihe von biographischen Schriften über biblische Gestalten. Den Anfang bildete die Lebensbeschreibung des Mose, später folgten Schriften über Abraham, Isaak, Jakob und Josef. Die Schrift über Josef trägt den Titel *De Josepho/Das Leben des Politikers oder Über Josef.* Wir bezeichnen sie der Einfachheit halber als *Josefsschrift.* Eine genaue Datierung der *Josefsschrift* ist nicht möglich. Man mag an eine Entstehung in den 40er Jahren des 1. Jahrhunderts n. Chr. denken.

Die Josefsschrift als Teil eines größeren Werks

Im Werk Philos bildet die *Josefsschrift* den abschließenden Teil eines vierbändigen Werkes, das den vier großen Helden der Genesis gewidmet sind: Abraham, Isaak, Jakob und Josef. Offenbar hatte Philo zunächst geplant, nur die drei Erzväter Abraham, Isaak und Jakob zu behandeln, doch später kam ihm der Gedanke, einen vierten Teil über Josef anzuschließen. Zu Beginn der *Josefsschrift* (Abschnitt 1) erinnert Philo ausdrücklich an die ersten drei Teile des Werkes. Dies lässt sich als Hinweis verstehen, das aufschlussreiche Vorwort zu Philos vierbändigen Werk auch für das Verständnis der *Josefsschrift* in Anspruch zu nehmen. In der vorliegenden Ausgabe ist daher das Vorwort des Werkes (nämlich *De Abrahamo/Über Abraham* 1–6) der *Josefsschrift* vorangestellt.

Ein Umstand, der Philo darin bestärkt haben mag, seinem dreiteiligen Werk über Abraham, Isaak und Jakob noch ein Buch über eine vierte Gestalt anzufügen, ist die antike, auch von Philo geteilte Wertschätzung der Zahl Vier, eine Vorliebe, die im griechischen Denken auf Pythagoras zurückzugehen scheint. „Unter den Zahlen aber steht die Vier auch bei anderen Philosophen in Ehren, die die unkörperlichen und rein geistigen Substanzen lieben", schreibt Philo, der mit den „anderen Philosophen" die Anhänger Platos meint. Er fährt fort: „am meisten aber (steht sie in Ehren) bei dem allweisen Mose, der die vierte Zahl preist, indem er von ihr sagt, sie sei heilig und lobenswert" (Philo, *De Abrahamo* 13). So ist im Sinne Philos auch Josef „heilig und lobenswert".

Für Philo sind die Erzväter Urbilder und Vorbilder richtigen menschlichen Handelns und Verhaltens, entsprechen also dem, was der Philosoph Karl Jaspers als „maßgebende Menschen" bezeichnet. Philos maßgebende Menschen leben nach dem allen Menschen zugänglichen Gesetz der Natur und nicht nach dem jüdischen Gesetz, das geraume Zeit später (also nach Abraham, Isaak, Jakob und Josef) von Mose aufgezeichnet wird. Ausdrücklich schreibt Philo über Abraham, dieser habe „das göttliche Gesetz und alle göttlichen Gebote beachtet, nicht durch Schriften belehrt, sondern ohne Schrift von der Natur, indem er sich eifrig bemühte, ihren gesunden und heilsamen Anregungen zu folgen." Dieser Umstand mache Abraham selbst „zu einem Gesetz, zu einer ungeschriebenen göttlichen Satzung" (Philo, *De Abrahamo* 275–276). Damit wird das jüdische Gesetz relativiert – ein Gedanke, der für Paulus, einen Zeitgenossen Philos, eine bedeutende Rolle spielt: Ohne dem mosaischen Gesetz verpflichtet zu sein, steht Abraham Gott nahe. Auch Josef lebt und handelt nach dem Gesetz der Natur. Selbst wenn man die *Josefsschrift* als Nachtrag zum Werk über die Erzväter begreift, dürfte Josef in Philos Augen den Erzvätern in nichts nachstehen. Wie sie zählt auch er zu den maßgebenden, Gottes Gesetz lebendig vor Augen stellenden Menschen.[1]

Inhalt der Josefsschrift

Philo bezeichnet die *Josefsschrift* zu Beginn als den vierten, abschließenden Teil eines mehrbändigen Werkes. Damit verweist er zurück auf das Vorwort des ersten Teils. Darin erklärt der Verfasser die Absicht seiner Darstellung: Die Lebensgeschichten der Patriarchen Israels sollen diese als lebende Gesetze und damit als Vor- und Urbilder tugendhaften menschlichen Verhaltens erweisen. Ein solches Urbild sei auch der Politiker. Philo entfaltet diesen Gedanken in der *Josefsschrift* wie folgt:

Der künftige Politiker wird auf seine Aufgabe durch eine zweifache Lehrzeit vorbereitet – eine als Hirtenknabe und eine als Hausverwalter. Dementsprechend wächst der Kandidat im ländlichen Milieu auf. Sein Vater erkennt seine Qualitäten und schenkt ihm große Aufmerksamkeit. Das verärgert seine Brüder. Fern vom Vater sich dem Hirtendienst widmend, ergreifen sie die Gelegenheit, den ungelieb-

---

1   Am Rande erwähnt sei ein in der Forschung bisher ungelöstes Rätsel. Es besteht in dem von Philo selbst nicht erklärten Gegensatz zwischen zwei Bildern, die er vom biblischen Josef entwirft, indem er ihn einmal als *vorbildlichen* (in der *Josefsschrift*) und einmal (in andern Werken) als *unreifen* Menschen behandelt. So heißt es bei Philo einmal: „Hätte Josef eine erwachsen Seele erreicht, dann hätte er Ägypten ohne Gedanken an eine Rückkehr verlassen. Doch in Wahrheit tat er sich vor allem dadurch hervor, dass er Ägypten ernährte und das Land pflegte wie ein Vater." (Philo, *De sobrietate/Von der Nüchernheit* 13) Soll man sagen: Jedes Mal, wenn Philo über Josef schreibt, geht es ihm um nichts anderes als um das augenblickliche Argument, das er ohne Rücksicht auf andere seiner Werke darlegt?

ten Bruder loszuwerden, indem sie in an vorbeiziehende Händler verkaufen. Dem Vater präsentieren sie das mit Tierblut getränkte Gewand des Verschwundenen: Wilde Tiere hätten ihn zerrissen.

Von den Händlern in Ägypten verkauft, tritt der künftige Politiker seine zweite Lehrzeit an, nun als Sklave im Haushalt des königlichen Kochs. Dieser erkennt die Begabung seines Sklaven und macht ihn zu seinem Hausverwalter. Die Frau des Kochs versucht den jungen Mann zu verführen, doch dieser widersteht. Aus Rache verleumdet sie ihn bei ihrem Mann, indem sie ihn der versuchten Vergewaltigung bezichtigt. Josef kommt ins Gefängnis; dort erkennt der Gefängniswärter die Qualitäten des Häftlings und macht ihn zum Aufseher über die übrigen Gefangenen. Die Haftanstalt kann er von einer Strafinstitution in eine moralische Besserungs- und Bildungseinrichtung verwandeln. Zwei Häftlingen deutet er Träume, und die Deutung bewahrheitet sich umgehend: Der königliche Bäcker wird hingerichtet, der königliche Mundschenk wieder in sein Amt eingesetzt. Zum König gerufen, kann er auch dessen Traum deuten und ihm eine Abfolge von sieben Jahren überreicher Ernte und sieben Jahren ausfallender Ernte für Ägypten voraussagen. Gleichzeitig gibt er dem König den Rat, durch Einlagerung eines Fünftels der jährlichen Ernte für die Notzeit vorzusorgen.

Damit kann die Lehrzeit als Hausverwalter enden, denn der König beruft ihn zum Dank für Traumdeutung und Rat zum Verwalter des Landes, der alle Vorkehrungen für die Notzeit trifft. Jetzt hat er sein Ziel erreicht und ist Politiker (griechisch *politikos*) geworden.

Seine Qualitäten als Menschenfreund und milder Herrscher kann er noch einmal im Umgang mit seinen Brüdern beweisen. Diese kommen zweimal nach Ägypten, um bei ihm Getreide zu kaufen. Da viele Jahre verstrichen sind und er sich mit ihnen über einen Dolmetscher unterhält, erkennen sie ihn nicht. Er unterzieht sie einer Prüfung, um ihre Bruderliebe und Reue festzustellen. Beim ersten Besuch in Ägypten behält er einen Bruder als Geisel zurück und schickt die anderen mit gefüllten Getreidekrügen nach Hause; die Geisel soll erst freikommen, wenn sie den zu Hause gebliebenen jüngsten Bruder mit nach Ägypten brächten. Beim zweiten Besuch bringen sie ihren jüngsten Bruder mit, und die Geisel wird frei. Nach einem Gastmahl mit dem Landesvorsteher machen sich die Brüder auf den Heimweg, wiederum mit gefüllten Getreidekrügen. Unterwegs werden sie von den Dienern des Landesvorstehers eingeholt; diese finden im Krug des Jüngsten den silbernen Becher des Landesvorstehers, der auf dessen Geheiß in den Krug gelegt worden war. Des Raubes angeklagt, müssen sie zum Landesvorsteher zurückkehren. Am Einsatz der Brüder für den in Geiselhaft Gehaltenen und nun für den Jüngsten erkennt der Landesvorsteher die Lauterkeit der Brüder, entdeckt sich ihnen und feiert ihre Wiedererkennung.

Endlich können die Brüder mit gefüllten Krügen zu ihrem Vater reisen und diesem die frohe Nachricht vom Überleben und der hohen Würde seines verloren geglaubten Sohnes berichten. Vater und Brüder werden mit ihren Familien nach Ägypten geholt, wo sie auch nach des Vaters baldigem Tod bleiben. Achtzig Jahre lang steht der allseits geehrte Held der Erzählung an der Spitze des ägyptischen Staatswesens.

In die Erzählung eingefügt sind drei miteinander verflochtene philosophische Exkurse. Mit der Erzählung durch allegorische Deutungen einzelner Wörter oder Episoden verknüpft, gehen sie auf den Politiker betreffende Themen ein, die im Erzählstoff nicht vorkommen. Philo entfaltet darin folgende Gedanken:

Der Politiker trägt den hebräischen Namen „Josef"; das bedeutet übersetzt „Zusatz". Tatsächlich ist der Politiker von der Natur nicht vorgesehen, sondern zu ihr hinzugefügt. Richtete sich alles in der Gesellschaft nach der Natur und den natürlichen Gesetzen, bedürfte es keiner besonderen Gesetze in den einzelnen Staaten und auch keines Politikers. Doch weil sich die Menschen nicht an der Natur orientieren, gibt es Politiker.

Der Politiker hat einen „König" über sich, der ihm die Macht verleiht: das Volk. Das wird in der Erzählung mehrfach angedeutet: durch den königlichen Wagen, den der Politiker besteigen darf; durch den königlichen Ring und die Amtskette, die er erhält. Wenn alles in der Politik gut verläuft, ist das Volk mit dem Politiker zufrieden; wenn nicht, wird die Amtskette zum Galgenstrick. Das Volk, dessen sich der Politiker annimmt, erscheint in keinem guten Licht, denn die Leidenschaft, nicht die Besonnenheit gilt dem Volk als höchster Wert. Das Volk selbst ist einem Eunuchen gleich, der, impotent gemacht, kein Leben zeugen kann, und doch der Leidenschaft frönt, indem er mit einer Frau schläft. Das Volk ist auch wie ein Koch, der sich nur für das interessiert, was dem Gaumen schmeichelt (eigentlich erwartet man: der schlechte Politiker sei wie ein Koch, der den Menschen nur bietet, was sie gerne zu sich nehmen). Das Volk, selbst unbeherrscht, will einen Politiker, der sich der Leidenschaft hingibt, nicht einen, der sich der Wahrheit verpflichtet weiß. Tatsächlich gibt es diesen Typ von Politiker: Auf Ehre versessen, verkauft er sich der Menschenmenge. Die Sucht nach Ehre ist wie ein feindliches Tier, das den Politiker zerfetzt und sozusagen tötet. Das Volk ist unbeständig; es will sich nicht mit einem Politiker als seinem Herrn abfinden und schiebt ihn ab, wie man einen Sklaven, mit dem man unzufrieden ist, wieder verkauft.

Mit dem unbeständigen Volk hat der gute Politiker zu tun. Er lässt sich nicht bestechen. Er arbeitet zum Besten des Volkes, ohne sich von dessen problematischen, irrationalen Wünschen leiten zu lassen. Sein Maßstab ist die natürliche Vernunft. Seine wichtigste Eigenschaft ist die unerschütterliche Festigkeit, mit der er dem Volk gegenübertritt. Der Politiker muss in einer Welt agieren, in der alles unbeständig ist und alles undeutlich wie ein Traum. Durch seine überlegene Traumdeutung vermag er die Geschicke des Volkes zu lenken.

Stil und Eigenart

Philos Josefsschrift besteht aus zwei nach Inhalt und literarischer Gattung unterschiedlichen Teilen: einer Nacherzählung der Josefsgeschichte aus der Genesis (Gen 37; 39–50) und drei Exkursen, die sich zu einem eigenen philosophischen Traktat über den wahren, dem Ideal entsprechenden Politiker zusammenschließen. Sehen wir uns diese Teile nacheinander an!

Die *Nacherzählung* beruht auf der griechischen Fassung der Genesis. Das ergibt sich aus vielen sprachlichen Anklängen. Besonderheiten der griechischen Version übernimmt er ohne Diskussion, so z. B. die Angabe, Josefs ägyptischer Herr sei der Koch oder Oberkoch des Königs gewesen und nicht, wie der hebräische Bibeltext sagt, der Oberste der königlichen Leibwächter. Philo hat die biblische Geschichte dem Geschmack griechischer Leser angepasst. Griechische Autoren neigen dazu, ihren Helden Reden in den Mund zu legen. Reden sind bereits in der biblischen Erzählung enthalten, wie man besonders an der längsten Rede, der Rede Judas an seinen Bruder Josef, sieht (Gen 44,18–34). Diese Tendenz wird von Philo aufgenommen und verstärkt. Seinen Handlungsträgern legt er regelmäßig ausführliche Reden in den Mund, selbst bei Gelegenheiten, die nach der Logik der Erzählung dafür wenig passend sind – man denke nur an die Szene im Schlafzimmer der Verführerin: Während sie Josef am Gewand packt und zu sich aufs Lager ziehen möchte, hält er ihr eine Moralpredigt im unterhaltsamen Stil der philosophischen Diatribe! (Zur Predigt oder Diatribe gleich mehr.)

Fünf Reden sind ausführlich gestaltet:

die Bitte Rubens an seine Brüder, Josef nicht zu töten (Abschnitte 17–21);

die Klage Jakobs, als ihn die Nachricht vom angeblichen Tod seines Sohnes erreicht (23–27);

Josefs Standpauke an seine Verführerin (42–48);

Josefs Traumdeutung vor Pharao (107–115);

die Rede Judas, der Josef um Gnade für seinen Bruder Benjamin bittet (222–231).

Eine weitere ausführliche Rede findet sich in einem der philosophischen Exkurse: die Verteidigungsrede des Politikers vor der Volksmenge (67–79).

Nicht nur den auftretenden Personen legt der Autor Reden in den Mund; er erteilt sich auch selbst das Wort. Das geschieht in der Form eingeschalteter kommentierender Bemerkungen. Der Erzählfluss wird angehalten, und wir hören eine kurze Interpretation. Dafür Beispiele. Nach der Befreiung Josefs aus dem Gefängnis und seiner Einsetzung zum Stellvertreter des Königs heißt es: „So ergeht es den Frommen: Mögen sie auch einmal niedergezwungen werden, sie bleiben nicht am Boden. Sie erheben sich, um fortan fest und sicher zu stehen, ohne die Gefahr eines weiteren Sturzes." (Abschnitt 122) Solche Kommentare können recht ausführlich ausfallen. Nach dem Bericht über die Einsetzung Josefs zum Hausverwalter seines Herrn fügt der Verfasser eine Überlegung über die Hausverwaltung als Vorbereitung für politische Ämter ein (Abschnitte 38–39).

An drei Stellen unterbricht Philo die Erzählung, um jeweils einen *philosophischen Exkurs* einzufügen (Abschnitte 28–36, 58–79 und 125–156). Die zunehmend länger werdenden Exkurse machen etwa 25 % des gesamten Textbestandes aus. Aufbau und Inhalt der Exkurse erschließt sich erst, wenn wir sie als eigene, zusammenhängende Abhandlung lesen. Philo bedient sich des unterhaltsam belehrenden popularphilosophischen Stils (Diatribe). Typisch dafür sind überraschende paradoxe Aussagen, kleine Reden, Tugend- und Lasterkataloge, als Personen auftretende Begriffe, Darlegungen in der Form zugespitzter Vergleiche. In Gestalt einer Diatribe bietet Philo einen Vergleich *(synkrisis)* zwischen dem schlechten und dem guten Politiker. In der antiken Literatur bildet die kleine Erzählung von „Herakles am Scheideweg" das Muster für solche Vergleiche: Zwei Frauen – die „Tugend" und die „Glückseligkeit" – reden auf den jungen Herakles ein, wobei sich jede ihm empfiehlt (Xenophon, *Memorabilia/Erinnerungen an Sokrates* II 1,21–34). Bei Philo reden ebenfalls zwei Personen: das als lüsterne Frau personifizierte Volk will den Politiker verführen und ihn sich unterwerfen, während der Politiker auf seiner Unabhängigkeit und Redlichkeit beharrt. Verhandelt wird also die Praxis des Politikers. Doch Philo beschränkt sich nicht auf die Erörterung der Praxis, sondern untersucht auch den Hintergrund, aus dem gutes bzw. schlechtes politisches Tun erwächst. Auf diese Weise wird die Tragweite des Vergleichs unterstrichen (darüber mehr unten, im Abschnitt „Das zweite Thema: Politik als Beruf"). Die Abhandlung ist wie folgt aufgebaut:

A Theorie des schlechten Politikers (Abschnitte 28–31)

B Praxis des schlechten Politikers, dargestellt durch die Verführungsrede (Abschnitte 32–66)

B' Praxis des guten Politikers, dargestellt durch seine Entgegnung (Abschnitte 67–79)

A' Theorie des guten Politikers (Abschnitte 125–147)

C Nachträge (Abschnitte 148–156)

Dem schlechten wie dem guten Politiker wird jeweils ein Text von etwa sieben Seiten im griechischen Original gewidmet (in der Ausgabe von Cohn und Wendland). Wir haben es mit einem sorgfältig geplanten philosophischen Text zu tun.

Die philosophische Abhandlung zerfällt in drei Teile, die in den Erzähltext als Exkurse (Abschnitte 28–36, 58–79 und 125–156) eingefügt und mit dem Erzähltext verknüpft sind. Eingeleitet wird jeder Exkurs mit dem Hinweis, nun werde etwas über die tiefere Bedeutung des Erzählten gesagt. An den narrativen Text wird durch knappe metaphorische oder gleichnisartige Wortdeutungen angeknüpft: Der Name Josef, der „hinzugefügt" bedeute, verweise darauf, dass der Politiker, der diesen Namen trägt, zur natürlichen Ordnung der Welt hinzugefügt sei, um dieser zur Geltung zu verhelfen. Oder: Das „bunte Gewand" (Luther: „der bunte Rock") Josefs verweise auf den beweglichen, wandelbaren Charakter des Politikers, der stets mit neuen Situationen zu tun habe. Weitere Anknüpfungen tragen eher allegorischen Charakter, etwa wenn die Stimme der Frau, die Josef zum Beischlaf einlädt, als Stimme der Volksmasse verstanden wird, die den Politiker überreden will, ihr zu Willen zu sein. Doch sind solche allegorischen Brücken, seien sie kunstvoll oder flüchtig ausgeführt, in Wirklichkeit unerheblich. Sie dienen nicht der Erhellung der biblischen Erzählung, sondern der Verknüpfung der philosophischen Exkurse mit dem Erzählstoff.

Die nachstehende Liste führt die Themen der Erzählung auf, die in den Exkursen aufgegriffen und staatsphilosophisch behandelt werden.

Erzählung	philosophische Exkurse
–	der Name „Josef" (28–31)
–	buntes Gewand (32–34)
Verkauf in die Sklaverei (15)	Verkauf in die Sklaverei (35–36)
angeblich von Tieren zerrissen (14; 22)	von Tieren zerrissen (36)
Eunuch (27; 37)	Eunuch (58–60)
Koch (27)	Koch (61–63)
Verführung durch die Ägypterin (40–41)	Verführung durch die Volksmenge (64–66)
Zurückweisung der Verführung (42–48)	Zurückweisung der Verführung (67–79)
Traumdeutung Josefs (90–97; 100–109)	Politiker als Traumdeuter (125–147)
zweiter Wagen des Königs (120)	zweiter Wagen des Königs (148–149)
Siegel, vom König verliehen (120)	Ring, vom König verliehen (149)
Halsband, vom König verliehen (120)	Halsband, vom König verliehen (150)
drei Bedienstete des Königs (27, 88)	der König und drei Bedienstete (151–156)

Auffällig ist die philosophische Behandlung zweier Themen, die zwar in der biblischen Erzählung enthalten sind, nicht jedoch in Philos Nacherzählung: der Name „Josef" und Josefs buntes Gewand. Bei näherer Betrachtung der Tabelle fällt auch die ungleichmäßige Behandlung von Erzählthemen in den Exkursen auf. Während einige nur knapp erwähnt sind, werden andere ausführlich aufgegriffen, insbesondere die Themen „Verführung", „Abweisung der Verführung" und „Traumdeutung". Hier nimmt die staatsphilosophische Ausdeutung mehr Raum ein als die entsprechende Erzählung.

Die drei Themen:
Der Herrscher, der Politiker, die Psychologie

Philo liest die biblische Josefserzählung als eine pointenreiche philosophische Geschichte. Die von ihm hervorgehobenen Pointen sind staatspolitischer und psychologischer Natur. Um mit der Psychologie zu beginnen: Das Thema ist tatsächlich von Anfang an in der biblischen Erzählung enthalten. Josefs Brüder sind neidisch auf den vom Vater verzärtelten Knaben, und später sehen wir Josef in Tränen, als er sich mit seinen Brüdern versöhnt. Solche Emotionen laden den Autor geradezu ein, sein Wissen um die Psyche des Menschen einzubringen. Auf der Grundlage eines bereits differenzierten psychologischen Wissens gestaltet und kommentiert Philo das Verhalten der Figuren seiner Erzählung bzw. seiner philosophischen Exkurse.

Philo versteht Josef als Mann der Politik und weist ihm im Kreise der Erzväter des Volkes Israel die Rolle des maßgebenden Urbildes und Vorbildes für politisches Handeln zu. Das ist eine bewusste Entscheidung, denn von sich aus bietet sich der Stoff der biblischen Josefserzählung, die Philo zugrunde legt, nicht für eine staatspolitische Schrift an. Die biblische Erzählung ist in erster Linie eine märchenhafte Familiengeschichte: Ein junger Mann, vom Vater verzärtelt und von den Brüdern beneidet, von seinen Brüdern in die Sklaverei verkauft, wird erster Minister des Königs in einem fremden Land, wo er sich mit den Brüdern versöhnt, als ihn diese in einer Notlage aufsuchen. Von Josefs staatspolitischem Handeln ist nur zweimal knapp die Rede: in der Episode vom Rat, den Josef bei seiner Deutung des Königstraumes gibt, und in der Beschreibung seiner Verwaltung der königlichen Getreidevorräte (Gen 41; 47,13–26). Bei der Deutung des Traums erteilt Josef politischen Rat, als Verwalter aber ist er nicht Politiker, sondern Beamter. Daraus eine modellhafte Herrscherbiographie zu gestalten und zur Grundlage einer staatsphilosophischen Schrift zu machen, erfordert die denkerischen Kraft eines Philosophen, die sich mit der Phantasie eines Schriftstellers paart.

Sobald wir den staatspolitischen Inhalt von Philos Josefsschrift näher betrachten, erkennen wir ein doppeltes Profil des politisch tätigen Menschen, erscheint er doch einmal als „der ideale Herrscher" und einmal als „der ideale Politiker". Beide Profile sind auseinanderzuhalten. Sie spiegeln die politischen Verhältnisse im östlichen Mittelmeerraum seit dem 3. Jahrhundert v. Chr.:

Der typische Staat der hellenistisch-römischen Zeit ist ein Königreich, an dessen Spitze ein König steht; aus adeligem Geschlecht stammend, ist er bestrebt, die Herrschaft seiner Dynastie zu festigen. In seinem Reich herrscht er als absolutistischer Monarch, der sich mit einem Kreis von Beratern umgibt, die er selbst bestimmt und die – in begrenztem Maße – an seiner Herrschaft teilhaben.

Die Städte *(poleis)* im Königreich verfügen jedoch über das Privileg der Selbstverwaltung, die in der klassischen Tradition der griechischen Polis-Demokratie steht. Wer Bürgerrecht in einer Polis hat, nimmt an der Volksversammlung teil, hat Rederecht und kann zum Beamten auf Zeit gewählt werden. Die Volksversammlung und die Kultur der dort gepflegten öffentlichen Rede bietet begabten Bürgern die Möglichkeit, sich als „Politiker" hervorzutun, als Menschen, die das politische Leben beeinflussen und gestalten. Können sie die Gunst der Bürgerschaft gewinnen, ist ihre Bewerbung auf ein öffentliches Amt aussichtsreich.

Die staatspolitischen Schriften und Stellungnahmen antiker Autoren enthalten theoretische Überlegungen sowohl über den „Herrscher" *(basileus* = König) als auch – seltener – über den „Politiker" *(politikos)*. Gewöhnlich begegnen die entsprechenden Ausführungen getrennt, denn mögen auch die charakterlichen Anforderungen, die man an Politiker und Herrscher stellt, identisch sein, so sind doch ihre Aufgaben verschieden. Philos Josefsschrift freilich handelt vom beiden Themen: vom Herrscher über den Staat wie vom Politiker der Polis. In jenen Teilen, in denen Philo die biblische Geschichte nacherzählt, weist er Josef die Rolle eines *Herrschers* zu, denn Josef handelt selbständig, sozusagen als zweiter König im ägyptischen Staat, genauer: als vom König berufener Beamter in hoher Stellung, an den königliche Macht delegiert wird. Dagegen handeln die von Philo in seine Schrift eingefügten Exkurse vom *Politiker* als einem Mann, der in der demokratisch verfassten Polis wirkt. In den Exkursen verengt sich demnach der Fokus: vom Staat (Ägypten) als der umfassenderen, höherrangigen politischen Größe fällt der Blick auf die Polis, die wir uns als kleinen Stadtstaat vorstellen müssen.

Halten wir also fest: Die antike staatspolitische Reflexion, an die Philo anknüpft und zu der er beiträgt, kennt zwei unterschiedliche Aspekte des politischen Menschen und widmet jedem einen eigenen Diskurs. Dementsprechend werden wir zuerst auf das Thema „der ideale Herrscher in der Monarchie" eingehen, und dann, davon getrennt, das Thema „der ideale Politiker in der Polis" behandeln. Bei beiden Themen orientiert sich Philo kaum an den politischen Verhältnissen seiner eigenen Zeit, sondern greift auf Ideale der klassischen griechischen Vergangenheit zurück. Die Altvorderen gelten als überlegen, an ihnen wird alles gemessen. Solche rückwärts blickende „archaisierende Tendenz" ist unter Gebildeten der hellenistisch-römischen Zeit weit verbreitet.

Das erste Thema: Königsherrschaft als Beruf

Die antike griechische Literatur bietet eine ganz Reihe von Schriften über den idealen Herrscher:

Isokrates, *Euagoras* (ca. 370 v. Chr.)

Isokrates, *Pros Nikoklea/Rede an Nikoklēs* (ca. 370 v. Chr.)

Xenophon, *Kyrupädie/Erziehung des Kyros* (ca. 360 v. Chr.)

Plato, *Politikos/Der Politiker* (ca. 360/350 v. Chr.)

Ekphantos, *Peri basileias/Über das Königtum* (3. Jahrhundert v. Chr.?)

Diotogenes, *Peri basileias/Über das Königtum* (3. Jahrhundert v. Chr.?)

Brief des Aristeas (2. oder 1. Jahrhundert v. Chr.)

Weisheit Salomos (1. Jahrhundert v. Chr.)

Philo, *De vita Mosis/Das Leben des Mose* (40er Jahre n. Chr.)

Philo, *De Josepho* (40er Jahre n. Chr.)

Josephus, König Izates, in *Antiquitates/Jüdische Altertümer* XX 17–96 (um 90 n. Chr.)

Das Thema war beliebt und, wie die letzten fünf Titel der Liste zeigen (ab dem *Brief des Aristeas*), auch von jüdischen Autoren behandelt worden. Wir greifen drei Autoren heraus, die uns in die Nähe Philos führen: Xenophon, Ekphantos und Diotogenes.

In der Form der Biographie oder, genauer gesagt, des biographischen Romans oder der biographischen Lobrede lässt sich die Frage nach dem besten Herrscher am elegantesten und anschaulichsten erörtern. Dieser Form bedient sich der Grieche Xenophon in der *Kyrupädie/Erziehung des Kyros*. Xenophon erzählt die Lebensgeschichte des Perserkönigs Kyros (ca. 580–529 v. Chr.), des Begründers des persischen Weltreichs. Kyros, Sohn des Perserkönigs Kambyses, ist bereits als Knabe schön, menschenfreundlich, liebenswürdig, wissbegierig, ehrgeizig und bereit, jede Strapaze zu ertragen. Er genießt eine strenge Erziehung. Früh lernt er Reiten und Jagen, was als beste Vorbereitung auf das Militärhandwerk gilt. Er versteht sich auf das Befehlen und auf den Umgang mit Menschen, die ihm, von seiner Tugend und Milde beeindruckt, freiwillig gehorchen. In einer Zeit, in der sich andere um die Erneuerung der Demokratie in Athen bemühen, empfiehlt Xenophons *Kyrupädie* die Monarchie als ideale Herrschaftsform, indem er sie anhand eines Barbarenkönigs exemplarisch vor Augen stellt.

Xenophons Empfehlung der Monarchie findet in seiner Zeit wenig Gehör, sind doch die meisten seiner Zeitgenossen dem in Athen verwirklichten demokratischen Staatsideal verpflichtet. Das ändert sich bereits eine Generation nach Xenophon bei Autoren, die den griechischen Welteroberer und Feldherrn Alexander den Großen persönlich kennengelernt oder von ihm gehört hatten. Nun gibt es breite Zustimmung zur monarchischen Staatsform. Xenophons Herrscherroman findet in der Zeit des Hellenismus und in der römischen Kaiserzeit viele begeisterte Leser. Einer von ihnen ist Philo. Den Juden musste bereits die Idee ansprechen, einen Nichtgriechen und Nichtrömer als vorbildlichen Staatsmann zu präsentieren.

In Philos Josefsschrift erhält der Protagonist eine Stellung, die der eines Königs entspricht: „So machte er" – der König von Ägypten – „den jungen Mann zu seinem Stellvertreter im Staat, oder vielmehr, um die Wahrheit zu sagen, er machte ihn zum König. Obwohl er den Titel des Herrschers für sich behielt, überließ er ihm die Regierungsgeschäfte." (Abschnitt 119) Als Symbol der Teilhabe stattet der König seinen Stellvertreter mit dem königlichen Siegelring aus (Abschnitt 120). Nicht erst an diesem Wendepunkt der Erzählung charakterisiert Philo seinen Helden als König, sondern von Anfang an. Während Josef in der Genesis aus menschlicher Sicht zufällig und aus göttlicher Sicht durch Vorsehung zum Staatsmann wird, steht nach Philo die Bestimmung des Helden – wie bei Xenophon – von vornherein fest.

Seiner Xenophon-Lektüre verdankt Philo den Gedanken, die beiden ersten Lebensabschnitte seines Helden vermittelten diesem die Eignung für das Amt des Politikers – die Zeit als Hirte bei seinem Vater sowie die Zeit als Verwalter im Haus seines ägyptischen Herrn und im Gefängnis. Dabei muss Philo Änderungen vornehmen, denn bei Kyros dient die Jagd als ideale Vorbereitung des Jugendlichen für das Amt des königlichen Kriegsherrn. Das passt nicht zu Josef, der keine Kriege führt und nur in Friedenszeiten herrscht, wohl aber den Aufgaben des Hirten und des Hausverwalters obliegt, auf die Xenophon ebenfalls hinweist (vgl. die Anmerkungen zu den einschlägigen Stellen in der vorliegenden Übersetzung). Schon zu Beginn der Josefsschrift klingt der Bezug zur *Kyrupädie* an: „Wer später einmal ein Heer in den Krieg führen soll, kommt nicht umhin, sich in der Jagd zu üben" (Abschnitt 3). Da der Satz innerhalb der Josefsschrift keine weitere Funktion hat, darf man ihn als versteckten, dem gebildeten antiken Leser verständlichen Hinweis auf die *Kyrupädie* als Philos Modell verstehen.

Von Xenophon übernommen hat Philo noch manches andere Motiv, z. B. die Vorstellung, der Gehorsam der Untertanen gegenüber dem Herrscher müsse freiwillig, nicht gezwungen, geleistet werden (Abschnitt 269). Nicht zuletzt verdankt er ihm die Wertschätzung der Tugend der Philanthropie, der „Menschenliebe" oder „Menschenfreundlichkeit". Die Wörter „menschenfreundlich" und „Menschenliebe" (griechisch *philanthropos* und *philanthropia*) zählen zu Xenophons Lieblingswörtern und werden für König Kyros im Sinne von Freundlichkeit, Güte, Großzügigkeit und Milde in Anschlag gebracht. Schon zu Beginn der *Kyrupädie* wird Kyros als „überaus menschenfreundlich" bezeichnet (I 2,1). Dem kriegerischen Kyros wird das Wort in den Mund gelegt: „Taten der Menschenliebe verrichte ich lieber als Taten der Feldherrnkunst." (*Kyrupädie* VIII 4,8) Auch Philo versäumt es nicht, das Wort zu gebrauchen und auf Josef anzuwenden (z. B. Abschnitte 240 und 264): Der gute Staatsmann ist Menschenfreund!

Zur Menschenfreundlichkeit gehört auch die stoische Kerntugend der Selbstbeherrschung. Der stoisch charakterfeste Josef wird von Philo wie folgt charakterisiert: „Schon in jungen Jahren regierte er als Stellvertreter und Zweiter nach dem König, und der Osten wie der Westen blickten zu ihm auf; dennoch übermannten ihn weder jugendlicher Übermut noch Stolz auf seine große Macht. Er hätte Böses ersinnen und die Gelegenheit ergreifen können, sich zu rächen, doch er tat es nicht. Er unterdrückte seine Gefühle und verschloss sie in seiner Seele." (Philo, *De Josepho* 166) Eine solche Charakterisierung könnte der Feder des römischen Stoikers Seneca entstammen; sie entspricht ganz und gar der Stoa.

Philo orientiert sich nicht nur an stoischem Gedankengut und an Xenophon. Eine weitere Quelle bildet die spezifisch hellenistische Herrschervorstellung, die wir in der fragmentarisch erhaltenen Schrift *Peri basileias/Über das Königtum* des Philosophen Ekphantos[2] kennenlernen. Von allen Menschen, schreibt er, sei der König besonders ausgezeichnet. Leiblich gesehen sei er allen Menschen gleich, doch er habe mehr Anteil am Göttlichen als andere. Nach Ekphantos hat eigentlich nur der König Zugang zu Gott, und die anderen Menschen finden diesen Zugang nur über ihn. Zweifellos knüpft Ekphantos an uralte, in Ägypten bis in seine Zeit lebendige Vorstellungen an, die den König als göttliches Wesen verstehen. Nach Alexanders kampfloser Eroberung Ägyptens (332 v. Chr.) haben ihn ägyptische Priester als Sohn des Gottes Amun-Re willkommen geheißen. Der Vorgang hat in der Herrscherphilosophie der hellenistisch-römischen Zeit bleibenden Spuren hinterlassen. Eine eigentliche Göttlichkeit des Herrschers kommt für den Juden Philo nicht in Frage, doch Männer wie Mose und Josef kann er in die Nähe Gottes rücken. Josefs religiöse Überhöhung spielt er zuerst nur vor-

---

2 Ekphantos bei Stobaeus, *Anthologium* IV 7,64–66; übersetzt bei Schulte, *Speculum Regis*, 151–158.

sichtig ein (Abschnitt 174), lässt sie jedoch am Ende von Josef selbst aussprechen: „Ich bin ein Mann Gottes." (Abschnitt 266)

Anders als Ekphantos geht Diotogenes auch auf das Verhältnis des Königs zum Gesetz ein. Nach Diotogenes ist der König „lebendes Gesetz" (*nomos empsychos*, wörtlich „beseeltes Gesetz"),[3] ein Ausdruck, den Philo aufgreift: „Der König ist das lebende Gesetz." (Philo, *De vita Mosis/Das Leben des Mose* II 4) Philo rekurriert auf diesen Satz im Vorwort seiner Abrahamschrift (*De Abrahamo/Über Abraham* 5), die auch als Vorwort für die Josefsschrift gilt: Auch Israels Erzväter – und damit auch Josef – sind lebendes Gesetz. Josef zeigt sich selbst noch als Sklave im Gefängnis als solches Gesetz, indem er seinen Mitgefangenen als Vorbild dient (Abschnitt 87). Nichts anderes als die Vorbildfunktion des Königs ist mit dem Ausdruck „lebendiges Gesetz" gemeint. Dafür lässt sich noch Cicero anführen. Nach Cicero (*De re publica/Der Staat* I 52) entspricht der Politiker dann dem Ideal, wenn er „sein persönliches Leben wie ein Gesetz seinen Mitbürgern vorlebt". Damit sind wir aber bereits bei Philos zweitem Thema: dem Politiker.

Das zweite Thema: Politik als Beruf

Der jüdische Philosoph bietet folgende Definition der Stellung und Aufgabe des Politikers: „Der Politiker (*politikos*) nimmt nach dem Herrscher den zweiten Platz ein. Er ist weder gemeiner Mann noch König, sondern steht in der Mitte zwischen beiden. Er ist mächtiger als der gemeine Mann, doch er verfügt über weniger Macht als ein König, dem unumschränkte Gewalt zukommt. Der König aber, den er über sich hat, ist das Volk, dessen Geschäfte er in reiner Gesinnung und ohne Falsch treu verwaltet." (Philo, *De Josepho* 148) Konkret gewendet: der Politiker wirkt als Richter, als Mitglied des Rats und als Redner in der Volksversammlung (*De Josepho* 72–73) – die drei typischen Betätigungsfelder des in Athen lebenden Bürgers der Oberschicht (Plato, *Gorgias* 452e):

---

3 Diotogenes bei Stobaeus, *Anthologium* IV 7, 61; übersetzt bei Schulte, *Speculum Regis,* 285.

Jeder über dreißigjährige Vollbürger kann sich zum Richteramt melden. Jedes Jahr hat die Stadt 6000 Richter, die nicht als einzelne agieren, sondern in Gruppen von mehreren hundert, so dass ein Richter fast täglich amtieren muss; nimmt er die Aufgabe ernst, muss er in der Gerichtsversammlung reden, sich bewähren und Ansehen verschaffen.

Das die gesamte Politik leitende Gremium ist der „Rat der Fünfhundert" oder kurz „der Rat" (die *boulē*); man meldet sich für das Amt eines Ratsmitglieds und kann dann durch Los die Ratsmitgliedschaft für ein Jahr erhalten. Der Rat überwacht die Beamten, beruft die Volksversammlung ein und ist für die Vorberatung von Gesetzesanträgen zuständig. Der Rat tagt fast täglich, und so kann sich das Ratsmitglied täglich als nützlich erweisen.

Die Volksversammlung, das große Parlament aller erwachsenen männlichen Bürger der Stadt, wird vom Ratsvorsitzenden einberufen und geleitet. Nur die Volksversammlung kann Gesetze beschließen. Rederecht und Antragsrecht hat jeder, und so kann sich jeder, der zur Politik beitragen will, zu Wort melden und eine Rede halten. Anträge werden zuerst dem Rat vorgelegt, dann der Volksversammlung zur Diskussion vorgelegt. Über die Annahme oder Ablehnung entscheidet die Volksversammlung. Tatsächlich melden sich nicht viele Männer in der Versammlung zu Wort; es sind meist dieselben, die Reden halten, mehr als zehn oder zwanzig solcher Männer gibt es in kaum einer Generation.

Der wahre Politiker, verkörpert durch Richter und Ratsmitglieder, trägt zur Stabilität des Gemeinwesens bei. Als konservatives Element in der Polis leistet er ebenso Widerstand gegen die Masse der Neuerer oder Umstürzler *(neōteroi)* (Abschnitt 63) wie gegen alle, die ihn durch Bestechung oder Einschüchterung ihren Wünschen gefügig oder durch Ehrungen zum Populismus verführen wollen (Abschnitte 67–71). Er zeichnet sich durch ein hohes Pflichtbewusstsein aus, dessen Gegenteil – Bestechlichkeit, Ruhmsucht, Herrschsucht, Zügellosigkeit, Ungerechtigkeit – ein ausführlicher Lasterkatalog charakterisiert (Abschnitt 70).

Lassen sich für Philos Porträt des wahren Politikers Vorbilder in der antiken Literatur finden? Die Suche nach Vorbildern gestaltet sich schwierig. Anders als die römische Literatur thematisiert das griechische Schrifttum den idealen Politiker nicht oder nur beiläufig. Es existiert keine Schrift, die den jungen Mann aus gutem Hause auf die Tätigkeit im politischen Leben Athens vorbereitet und eine Berufsethik bietet. In der römischen Literatur handelt Ciceros *De re publica/Über den Staat* (54–52 v. Chr.) vom gebildeten Mann der Oberschicht, der sich der Politik zur Verfügung stellt. Cicero setzt jedoch politische Verhältnisse voraus, die denen in Athen nicht entsprechen. Immerhin gibt es ein griechisches Politikerporträt, das Philo gekannt haben muss: das Porträt, das Thukydides von Perikles zeichnet. Perikles, der charismatische Politiker, ist „makellos unbestechlich" und redet der Menge nicht zu Gefallen – beides Eigenschaften, die auch Philos Politiker auszeichnen (Thukydides, *Peloponnesischer Krieg* II 65; Philo, *De Josepho* 70 und 77–78). Philo muss Thukydides nicht gelesen haben, um dem idealen Politiker dieselben Verhaltensweisen zuzuschreiben; er orientiert sich an dem klassischen Ideal.

Dieses tritt uns auch sonst im philonischen Politikerporträt entgegen, so etwa in dem Hinweis auf den Galgen, der dem Politiker bei missglückter Amtsführung droht (Abschnitt 150). Hat der griechische Politiker ein Amt, dann kann er frei und nach eigener Einsicht handeln, doch nach Ablauf der Amtszeit wird er zur Rechenschaft gezogen. Solchen Umgang mit Politikern hat noch Max Weber zur Zeit der Weimarer Republik empfohlen: „In der Demokratie wählt das Volk seinen Führer, dem es vertraut. Dann sagt der Gewählte: Nun haltet den Mund und pariert. Volk und Parteien dürfen ihm nicht mehr hineinreden. Nachher kann das Volk richten – hat der Führer Fehler gemacht: An den Galgen mit ihm!"[4]

Philo begnügt sich nicht mit einer Darlegung der Arbeitsfelder des Politikers und den moralischen Anforderungen, die an ihn gestellt werden. Mittels *theoretischer* Überlegungen will er in die letzten Gründe und Voraussetzungen politischen Handelns vordringen. An den Anfang der Abhandlung stellt der Autor eine den Leser überraschende Bemerkung über die Überflüssigkeit des Politikers: Von Natur aus sei der Politiker genauso wenig vorgesehen wie die Gesetze der Polis (Abschnitt 29–31). Philos Gedankengang erschließt sich am

---

4 Mitgeteilt von Marianne Weber, *Max Weber*, 665.

besten, wenn wir ihn in vier Thesen zerlegen: (1) Es gibt ein für alle Menschen gültiges, von Natur bestehendes Recht. (2) Diesem Naturrecht stehen die besonderen Gesetze gegenüber, die jeweils nur den Bürgern einer bestimmten Polis vorgeschrieben sind. (3) Die besonderen Gesetze der Polis stehen oft im Gegensatz zum Naturrecht. (4) Daraus ist zu folgern: Alle besonderen Gesetze sind problematisch, und so ist auch der Politiker, dessen Tätigkeit auf den Gesetzen der Polis beruht, problematisch. Diese Thesen haben eine lange Vorgeschichte in der griechischen Philosophie. Dazu einige Hinweise.

Die 1. These lässt sich durch ein antikes Zitat belegen: „Chrysipp, ein Philosoph von höchster stoischer Weisheit, beginnt sein Buch *Über die Gesetze* wie folgt: Das Gesetz [der Natur] ist König über alles, über göttliche und menschliche Dinge. Es muss Gebieter sein über das Schöne, Herrscher und Befehlshaber über das Schändliche, den Maßstab bilden für Recht und Unrecht. Den von Natur zur staatlichen Gemeinschaft veranlagten Wesen gebietet es, was zu tun, und verbietet, was zu lassen ist." (Stoicorum Veterum Fragmenta III, Nr. 314). Philo gebraucht die Wendung „gebietet, was zu tun, und verbietet, was zu lassen ist" wörtlich (Abschnitt 29). Sein Hinweis auf den Kosmos – im Sinne von Menschheit – als eine alles umfassende Polis belegt Philos stoisches Denken. Alles menschliche Verhalten wird demnach von einem unverrückbaren, universal gültigen Naturrecht geregelt. In die römische Philosophie hat Cicero (*De re publica* III, 33) diesen Gedanken aufgenommen. Die 2. und die 3. These begegnen bereits bei dem Vorsokratiker Antiphon. Plato flicht den Gedanken mehrmals in seine Dialoge ein: „Diese beiden stehen einander größtenteils entgegen: die Natur und das Gesetz." (*Gorgias* 482e) „Das Gesetz, das über die Menschen als Tyrann herrscht, erzwingt vieles gegen die Natur." (*Protagoras* 337d) Sondergut der Stoiker ist die 4. These. Die Stoiker ziehen aus der Gegenüberstellung von Gesetz und Natur den kühnen Schluss, die von Menschen für die Bürger einer Polis vereinbarten Gesetze seien insgesamt problematisch: „Chrysipp nennt alle positiven Gesetze und Verfassungen verfehlt." (Stoicorum Veterum Fragmenta III, Nr. 324) In dieser Form macht sich Philo das Argument zu eigen und erweitert es, indem er zusammen mit dem Gesetz auch den Politiker für, streng genommen, überflüssig erklärt. Alles, was Philo in dem betreffenden Abschnitt (28–66) sagt, gilt daher vom schlechten und tatsächlich überflüssigen Politiker, auf dessen Wirken die Gesellschaft verzichten kann.

Soviel zu den Voraussetzungen des schlechten Politikers, die Philo aufdeckt! Auf den Hintergrund der Tätigkeit des guten Politikers geht Philo noch ausführlicher ein (Abschnitte 125–147). Er schildert die Welt in steter Bewegung und Veränderung, in unaufhörlichem Fluss, in fehlender Stabilität. Kaum erwachen wir, hat sich das Spiel unsere Träume schon verflüchtigt. Nicht anders steht es mit dem Leben und Schicksal jedes Menschen: einmal im Lebenslauf, der vom Kleinkind zum Greis führt, dann aber auch im Schicksals, das mit dem Menschen sein wechselvollen Spiel treibt, indem es demselben Menschen heute Glück und Reichtum, und morgen schon wieder Unglück und Armut beschert. Im Schicksal der Völker ist es nicht anders: Stolze, sieggewohnte Völker, die gestern andere Länder erobert haben, sind heute selbst geknechtet und tributpflichtig. Breit und wortreich entfaltet Philo das Thema, das die griechische Literatur seit dem 5. Jahrhundert v. Chr. beschäftigt. „Die Städte, die einst groß waren, von denen sind die meisten klein geworden, und die zu meiner Zeit groß waren, die waren vormals klein. Vom Menschenglück aber weiß ich, dass es niemals in sich beständig bleibt, so werde ich beider in gleicher Weise gedenken", heißt es programmatisch bei Herodot (*Historien* I 5,4). In der römischen Kaiserzeit kommt Seneca des Öfteren auf den Gegenstand zu sprechen, besonders ausführlich in seiner Tragödie *Thyestes* (Zeilen 596–622). Philos Folgerung und Pointe, die in den geläufigen Topoi vom unaufhörlichen Wandel und vom Wechsel des Schicksals nicht angelegt ist: Wer im Wandel steht, kann nicht wirklich handeln. Das ist beim Politiker anders. Geprägt von der stoischen Tugend der *karteria* (Abschnitt 246) – Standhaftigkeit, Charakterfestigkeit, Prinzipientreue, ethische Stabilität –, steht er wie ein fester Turm im Sturm. Durch seine Charakterfestigkeit – und zweifellos auch durch seinen Blick auf die unwandelbare Welt der platonischen Ideen oder der unveränderlichen moralischen Grundsätze – steht er außerhalb des ständigen Wandels. Dadurch kann er in die Welt eingreifen und dem politischen Leben Ziele setzen und Gestalt verleihen.

Ein Einzelzug der philosophischen Erörterung lässt sich eindeutig einer Quelle zuordnen: der Politiker ist Lehrer der Moral (Abschnitt 143–144). Nach Platos *Gorgias* (521d) betätigt sich sich Sokrates als Morallehrer, und kraft dieser Tätigkeit fühlt er sich als der wahre Mann der politischen Kunst *(politikē technē)*, der, vielleicht als einziger in seiner Generation, zum Wohl der Polis beiträgt. Philo bringt diesen Gedanken mit gutem Grund erst in seiner Erörterung des theoretischen Hintergrunds der politischen Tätigkeit, denn mit dem Alltagsgeschäft des Politikers hat das Aufstellen weiser Lebensregeln nichts zu tun.

Fassen wir die philosophischen Gedanken zusammen, auf die Philos politische Theorie hinausläuft! Erstens: Das Geschäft des Politikers ist fragwürdig, wenn der Politiker in einer Polis wirkt, die von partikularen, willkürlichen, interessebezogenen Gesetzen – und nicht vom Naturrecht – beherrscht wird. Zweitens: Der Dienst des Politikers ist unabdingbar, denn nur er kann, kraft seiner Charakterfestigkeit und seiner Kenntnis des Naturrechts, der diffusen, keine Stabilität aufweisenden Welt Struktur aufprägen und Ziele vorgeben.

Das dritte Thema: Philo als Psychologe

Philos Darstellung des politisch tätigen Menschen – des Herrschers und hohen Beamten in der Monarchie, des Politikers in der Selbstverwaltung der Stadt – lässt zugleich ein Menschenideal erkennen, das immer gültig ist, unabhängig vom politischen Beruf. Es ist das Ideal des weisen Menschen. Wesentliche Züge dieses Ideals werden deutlich, wenn der Autor psychologische Beobachtungen mitteilt, Verhaltensregeln aufstellt und psychologische „Innenansichten" der von ihm geschilderten Personen skizziert.

Philo weiß um die Wichtigkeit der Affektkontrolle. Unter Affekten werden Gefühlswallungen von hoher Intensität verstanden: Zorn, Wut, Hass, aber auch Liebesverlangen; von kurzer Dauer, werden solche Gefühle oft von deutlichen leiblichen Erscheinungen begleitet. Auch Josef kennt solche Gefühle. „Als er hörte, wie jene, die ihn verkauft hatten, ihn als tot ausgaben, was mag da in seiner Seele vorgegangen sein? Obwohl er von dem Gefühl *(pathos),* das ihn bewegte, sich nichts anmerken ließ, fachte ihre Rede in ihm ein loderndes

Feuer an." (Abschnitt 167–168) Es ist das Feuer des Zorns und des Willens zur Rache. Doch Josef kann sich beherrschen. Mit Bedacht schreitet er zur Prüfung seiner Brüder. Er will erkunden, ob ihre Abneigung gegen ihn noch besteht. Da er seine Identität den Brüdern noch verschweigt, lässt er sich in der Prüfung durch seinen jüngeren leiblichen Bruder Benjamin vertreten; anders als die übrigen Brüder, mit denen Josef nur den Vater gemeinsam hat, wurden nur Josef und Benjamin von Jakobs Lieblingsfrau Rahel geboren. Josefs Stimmung schlägt rasch um, als er hört, wie sich die Brüder besprechen und in ihrem Verbrechen gegen Josef die Strafe für ihre augenblickliche Lage erkennen. Den Tränen nahe, verlässt Josef den Raum, um erst wiederzukehren, als er sich gefasst hat (Abschnitt 175). Philo ist hier deutlich dem stoischen Ideal der Affektkontrolle verpflichtet. Allgemein gewendet: Der weise, durch Josef verkörperte Mensch ist seiner Gefühle Herr; insbesondere hält er aufwallende Affekte im Zaum. Nur ein Tor würde in die Rolle des Heißsporns verfallen und seiner Wut freien Lauf lassen.

Doch nicht nur Weise können ihre Affekte kontrollieren; auch schlechte Menschen vermögen das. Philo wäre ein schlechter Beobachter, wenn er dies nicht verstünde. Blenden wir zurück zum Anfang der Josefsgeschichte: Jakobs Söhne zeigen ihren Neid gegen ihren Bruder Josef zunächst nicht, sondern verbergen ihn heuchlerisch in ihrem Innern. Der Vorgang wird von Philo genau beschrieben: „Ihren Hass äußerten sie jedoch nicht, sondern verbargen ihn, wodurch er nur noch größer wurde: Denn Gefühle, die verheimlicht werden, sich aufstauen und nicht nach außen treten, werden noch heftiger." (Abschnitt 5) Das Verbergen von Gefühlen und Gedanken nennt man Heuchelei – ein Laster, auf das sich der wahre Weise unter keinen Umständen einlässt. Philo sagt es mehr als deutlich: „Heuchelei gilt mir als das schlimmste Übel, schlimmer als der Tod." (Abschnitt 68) Damit ist eine Wertung vorgenommen, die einen näheren Blick verdient und uns auf weitere Züge in Philos Menschenbild führt.

Gerade die von Philo vorgenommene Wertung ist für das Verständnis antiker (und auch späterer) Kulturen aufschlussreich. Fragen wir nach dem höchsten Wert für die Menschen antiker Kulturen, so lautet eine prominente Antwort: Der höchste Wert ist die öffentliche Hochschätzung, der gute Ruf, die „Ehre", die jemand genießt; das schlimmste aber ist, die Ehre zu verlieren und Schande auf sich zu laden. Der gute Ruf wird durch Heldentaten gefördert, der schlechte Ruf dagegen durch eine verbrecherische Tat, die bekannt wird. Diese gereicht dem Täter zum Gesichtsverlust – er macht sich gesellschaftlich „unmöglich" und empfindet dementsprechend „Scham". Wer sich aber schämen muss, dessen Leben ist beeinträchtigt. Die Folge kann Verstoßung oder Flucht ins Ausland sein, wo sich der Beschämte eine neue Existenz aufzubauen sucht; alternativ mag er den Freitod suchen, weil er nicht in Scham und Schande leben will. Diese „Schamkultur", wie man sie genannt hat, findet sich nicht nur in den homerischen Epen, sondern auch bei Josefs Brüdern, wie sie Philo schildert. Sie empfinden nämlich nur dann Scham, wenn die gegen ihren Bruder gemeinschaftlich begangene Freveltat ruchbar wird und ihren guten Ruf vernichtet (Abschnitt 19). Tatsächlich aber gelingt es ihnen, ihren Frevel geheim zu halten. Josef, der den Frevel aufdecken könnte, hält sich aus gutem Grund zurück: Die durch Bekanntwerden der Freveltat entstehende Schande würde auch ihn, Josef, treffen, denn Schande stellt nicht nur die Täter bloß, sondern dessen ganze Familie (Abschnitte 19, 250). Josef tut daher alles, um die Familienehre zu wahren. Als Vater und Brüder nach Ägypten ziehen, verfügen sie über unbeeinträchtigte Ehre, ja über besondere Ehre, weil sie an Josefs gutem Ruf teilhaben. Dementsprechend werden sie vom ägyptischen König und den Honoratioren des Landes ehrenvoll empfangen.

Auf die Frage nach dem höchsten Wert kennt die Antike jedoch noch eine zweite Antwort: Der höchste Wert ist die innere Ruhe, das gute Gewissen vor dem inneren Richter, der sich als göttliche Stimme im Innern des Menschen – in seinem Gewissen – meldet. Das Gewissen als innere Stimme, die dem Menschen rät und widerrät und ihn bei Verstößen peinigt, ist in der Zeit Philos eine philosophische Neuentdeckung. Philo weist Josef ein zartes Gewissen zu. Nicht zuletzt aus Gewissensgründen weist Josef die Ägypterin zurück, die ihn verführen will: Die Sünde würde ihm schreckliche Gewissensbisse verursachen und keine Ruhe lassen (Abschnitt 47–48). An anderer Stelle beschreibt Philo das Gewissen wie folgt: „Der jeder Seele angeborene und in ihr wohnende Prüfer *(elenchos)* ist nicht gewohnt, etwas

Schlechtes zuzulassen. Er kennt nur den Hass gegen das Schlechte und die Liebe zur Tugend. Er ist Ankläger und Richter zugleich. Einmal geweckt, tritt er als Ankläger auf, beschuldigt, klagt an und beschämt. Als Richter aber belehrt er, erteilt Zurechtweisung, mahnt zur Umkehr. Findet er Gehör, dann ist er erfreut und ausgesöhnt, findet er es aber nicht, dann kämpft er unversöhnlich und gibt Tag und Nacht keine Ruhe, sondern versetzt unheilbare Stiche und Wunden, bis er das elende und fluchwürdige Leben vernichtet hat." (Philo, *De decalogo/Der Dekalog* 87) Auch hier, wie beim Thema „Ehre", kann die Verletzung des höchsten Wertes den Tod nach sich ziehen.

Der Gewissensspruch lässt den Menschen Schuld als innere, unentrinnbare Last empfinden. Dementsprechend hat man vorgeschlagen, die Kultur, in der sich die Menschen weniger an äußerer Ehre als am inneren Gewissen orientieren, als „Schuldkultur" zu bezeichnen. Tatsächlich wird Philos Gestalt des Josef als Vertreter der Schuldkultur gezeichnet. Diese Kultur macht den Einzelnen unabhängig vom Beifall und der Kritik der Gesellschaft, in der er lebt. Philo lässt es den in der Polis wirkenden Politiker deutlich aussprechen: Als nur sich selbst, seinem Gewissen und seiner Einsicht verantwortliches Individuum fühlt er sich dem Volk gegenüber frei. Er ist sogar bereit, für seine persönlichen Überzeugungen zu sterben (Abschnitt 71) – eine Aussage, die Philo und seine Leser zweifellos mit der Gestalt des Sokrates in Verbindung bringen. Jeder kennt Sokrates als den ersten freien Menschen – jenem Philosophen, den die Athener im Jahr 399 zum Trinken des Giftbechers verurteilten. Sokrates macht sich nichts daraus; er versinkt nicht vor Scham, sondern, nur seinem Gewissen verpflichtet, geht er aufrechten Hauptes in den Tod.

Scham- und Schuldkultur – Begriffe, mit denn E. R. Dodds die Mentalität der alten Griechen interpretierte – schließen sich, wie wir sehen, für Philo nicht aus. Dennoch ist der Fortschritt von einer bloßen Schamkultur hin zur Schuldkultur und ihrer Würdigung des Einzelnen erkennbar: Während Josefs Brüder in der Welt der Schamkultur verharren, gehört allein Josef, und mit ihm der ideale Politiker, zur Schuldkultur. Nur Josef und der gute Politiker verfügen über jene Freiheit, für die der Preis von Gewissen und Gewissensnot bezahlt wird.

Die Adressaten:
Ein jüdisches Buch für nichtjüdische Leser

An wen richtet sich die *Josefsschrift*? Der ideale Leser wäre zweifellos der römische Kaiser selbst – also einer der Herrscher, unter denen Philo lebte: Tiberius (Regierungszeit 14–37), Caligula (37–41) und Claudius (41–54). Als Leiter einer politischen Gesandtschaft der alexandrinischen Juden war Philo in den Jahren 38–41 in Rom und sprach auch mit Kaiser Caligula, doch ein rechter Kontakt kam nicht zustande. Philo war damals ein alter Mann, Caligula ein junger Mensch von 27 Jahren! Man könnte sich vorstellen: Philo, die *Josefsschrift* in der Hand, tritt vor Caligula und überreicht sie dem Herrscher als jüdischen Beitrag zur Theorie des Staatsmannes. Doch Philo schreibt nichts darüber. Wie wir aus seiner eigenen Beschreibung wissen, hatte der Kaiser einfach kein Interesse an den Juden (Philo, *De legatione ad Gaium/Über die Gesandtschaft an Gajus* 349–373). Philos Kommentar: Ein junger Mann, mit Machtfülle ausgestattet und vom unbändiger Leidenschaft getrieben, ist ein unbezwingbares Übel (ebenda 190). Philo hat gegen die Monarchie selbst nichts einzuwenden; nur der Missbrauch königlicher Macht ist ihm zuwider. Caligula musste Philo als das genaue Gegenteil des biblischen Josef erscheinen.

Auf den romanhaft-attraktiven Gedanken, Philo habe die *Josefsschrift* dem römischen Kaiser gewidmet, ist wohl zu verzichten, zumal wir nicht wissen, wann genau die *Josefsschrift* entstand. Ist überhaupt an Nichtjuden als Leser gedacht? Für die Annahme einer intendierten nichtjüdischen Leserschaft spricht die Abwesenheit der biblischen Namen. Keiner der Brüder Josefs wird beim Namen genannt, obwohl sie in der Erzählung eine große Rolle spielen. Auch Jakob, der Vater Josefs, wird nicht beim Namen genannt. Selbst Josefs Name wird nur ein einziges Mal – im ersten philosophischen Exkurs (Abschnitt 28) – erwähnt.

Für nichtjüdische Leser von Interesse ist Philos wiederholter Hinweis auf die besonderen Sitten der Juden. Damit sind offenbar nicht in erster Linie, oder überhaupt nicht, religiöse Bräuche wie Beschneidung oder Beachtung des Sabbats gemeint, auch nicht der jüdische Monotheismus und das Bilderverbot; gemeint ist vielmehr die besondere moralische Strenge der Juden. Jakob, so erfahren wir, sei seiner strengen Sitten wegen in seiner nichtjüdischen Umwelt oft auf Unverständnis gestoßen, habe sie aber durch seinen untadeligen Lebenswandel überzeugt (Abschnitt 230). Josefs Verführerin wird bei Philo zu einer Kleopatra-Gestalt, zu einer sittenlosen Frau, die die gesamte dekadente Kultur der Nichtjuden vertritt. Josef hält ihr einen Vortrag über die vorbildliche Enthaltsamkeit der Juden (Abschnitt 43) – kein Gedanke also an Assimilation! Juden leben zwar unter fremden Völkern, nehmen jedoch deren – aus jüdischer Sicht fragwürdige – moralische Standards nicht an. Philo erkennt eine bleibende Differenz zwischen Juden und Nichtjuden. Die Juden fühlen sich ihrer Umgebung moralisch überlegen. Das lesen Juden gerne, und Nichtjuden werden Philos Darstellung die Aufforderung zur Sittenstrenge entnehmen, eine Aufforderung, die sie auch von heidnischen Philosophen erhalten haben.

Als Josefs Vater erfährt, sein verlorener Sohn lebe noch, und zwar in Ägypten, beunruhigen ihn neue Sorgen: Josef könnte sich von der jüdischen Sitte abgewandt haben (Abschnitt 254). Er hätte, seinem Alter entsprechend, eine nichtjüdische höhere Bildung erhalten können, wie es Flavius Josephus tatsächlich für Josef (*Jüdische Altertümer* II 39), Philo und das Neue Testament jedoch nur für Mose annehmen (Philo, *De vita Mosis* I 21–24; Apg 7,22). Philo sieht die Gefahr der Angleichung an die nichtjüdische Umwelt. Wer eine Nichtjüdin heiratet, mag noch genug Kraft haben, an der väterlichen Religion und ihren Bräuchen festzuhalten; doch wie wird es bei dessen Kindern, in der nächsten Generation aussehen (*De specialibus legibus/Über die Einzelgesetze* III 29)? Für eine Minderheit oder gar einen Einzelnen ist es nicht leicht, die angestammte religiöse Identität in fremder Umgebung zu bewahren. Im Falle Josefs ist die väterliche Sorge unbegründet. Wie Philo selbst, ist Josef im Herzen stets Jude geblieben.

So mag Philo an jüdische wie nichtjüdische Leser der *Josefsschrift* gedacht haben. Die nichtjüdischen Leser wollte der Autor mit jüdischen Namen nicht verwirren. Der ideale Leser wäre für Philo wahrscheinlich einer der hohen römischen Verwaltungsbeamten in der Provinz Ägypten. Als kaiserliche Provinz unterstand Ägypten unmittelbar dem Kaiser, der sich durch einen Präfekten vor Ort vertreten ließ. Philo selbst mag sich das Verhältnis zwischen Pharao und Josef als das zwischen einem idealen römischen Kaiser und einem idealen Präfekten vorgestellt haben. Ein erkennbarer aktueller Anlass liegt der *Josefsschrift* nicht zugrunde.

Der biblische Josef als Politiker:
Zur Geschichte eines literarischen Stoffes

Philo blieb nicht der einzige, der die biblische Erzählung zur Grundlage einer politischen Dichtung gemacht hat. Daher mag ein kurzer Blick auf moderne politische Bearbeitungen des Josefsstoffes diese Einleitung abrunden.

Das europäische Staatswesen der frühen Neuzeit ist durch die absolutistische Monarchie und die Entstehung des durchorganisierten Verwaltungsstaates gekennzeichnet. Die Verwaltung aber ist auf zuverlässige Mitarbeiter angewiesen, die über Führungsqualitäten verfügen und die das Vertrauen des Königs genießen. Tatsächlich können die damaligen Herrscher im Adel wie im Bürgertum juristisch und militärisch fähige Experten finden, denen sie hohe Staatsämter anvertrauen. Einige machen Geschichte, so der französische Kardinal Richelieu (1585–1642) und der kaiserliche Feldherr Wallenstein (1583–1634). Ein Jahrhundert später gehört Goethe als Minister im Herzogtum Sachsen-Weimar-Eisenach zu diesem Kreis. Eingeläutet durch die Königsdramen Shakespeares, blüht die politische Dichtung im 17. Jahrhundert auf und beschäftigt sich oft mit den neuen Männern in der Staatsführung. In einem noch bibelfesten Zeitalter besitzen solche Männer in Josef ein ebenso unübersehbares wie geradezu verpflichtendes Vorbild, das zu literarischer Gestaltung einlädt.

Ein Beispiel für ein politisches Josefsdrama ist der *Sophompaneas* (1635) des niederländischen Rechtsgelehrten Hugo Grotius. Ursprünglich in lateinischer Sprache verfasst, wird es in die niederländische Volkssprache übersetzt und in Amsterdam oft aufgeführt. Grotius hat auch eine Lücke im überlieferten Herrscherbild Josefs entdeckt und durch eine kurze Episode geschlossen: die Rolle des Politikers als militärischer Befehlshaber. Diese Episode gibt Grotius die Möglichkeit, einen seiner Lieblingsgedanken unterzubringen:

die Milde in der Behandlung besiegter Feinde. Grotius' Josef gibt strikte Anweisung, aufständische Ägypter nicht hart zu bestrafen und die Todesstrafe zu meiden. Im *Sophompaneas* spiegelt sich die Kritik des Verfassers an der autoritären Amtsführung von Kardinal Richelieu in Frankreich sowie die ihm, Grotius, vom Schicksal nicht gewährte Erfüllung des Wunsches nach einer Stellung, wie Josef sie im ägyptischen Staat eingenommen hat.

Aus demselben Jahrhundert sind zwei vielgelesene deutsche Staatsromane zu nennen: *Des vortrefflich keuschen Josephs in Egypten Lebensbeschreibung* (1666) von Hans Jakob Christoph von Grimmelshausen und *Assenat, das ist derselben und des Josefs heilige Stahts-, Lieb- und Lebensgeschicht* (1670) von Philip von Zesen. Der Roman von Zesen verbindet das politische Thema mit der Geschichte von der Liebe einer Ägypterin zu Josef, die, wie zu erwarten, zu einer Hochzeit führt. Für die Gestalt der liebenswürdig gezeichneten Ägypterin greift Zesen auf einen antiken jüdischen Josefsroman zurück, den für die „Kleine Bibliothek" Stefanie Holder übersetzt hat: *Joseph und Aseneth.*

Eine neuere literarische Spur vom Politiker Josef findet sich in *Joseph der Ernährer* (1943), dem abschließenden Teil von Thomas Manns vierbändigem Josefsroman. In dem kurzen Kapitel „Joseph lebt gerne" wird die dirigistische Wirtschaftspolitik des Titelhelden geschildert. Bereits die ersten Leser fühlen sich an die – offenbar vom Autor intendierte – Parallele zwischen Joseph dem Ernährer und dem US-amerikanischen Präsidenten Franklin Delano Roosevelt erinnert. Von 1932 bis 1945 im Amt, führt der Präsident unter dem Motto „new deal" staatliche Sozialmaßnahmen ein. Nach dem Muster Roosevelts macht der Autor seinen Romanhelden zu einem Mann, der die „kleinen Leute" in Zeiten wirtschaftlicher Not unterstützt. Ihnen – so Thomas Mann – „ließ er austeilen, wenn auch das Notwendigste nur, wonach sie schrien, den Kleinbauern und Städtern der Rinnsteingassen, für Saat und Brot, damit sie lebten und nicht stürben. Das war göttlich, und löblichem menschlichem Vorbild gemäß war es auch". Thomas Manns Joseph der Ernährer bleibt auch in einer Zeit großer Arbeitsbürde heiter und kann zu seiner Frau sagen: „Mädchen, ich lebe gern."

Zur Übersetzung und zum Buchtitel

Als Übersetzungsgrundlage diente der griechische Text in *Philonis Alexandrini opera quae supersunt,* hg. von Leopold Cohn und Paul Wendland, Berlin 1902, Band 4, 61–118.

Gewöhnlich wird die Schrift als *De Josepho / Über Josef* bezeichnet. Leopold Cohn hat den vollen griechischen Titel nach den Handschriften mit „Lebensbeschreibung des Staatsmannes, oder Über Joseph" wiedergegeben. Das Wort „Staatsmann" hat jedoch seit dem Erscheinen von Cohns Übersetzung einen Bedeutungswandel erfahren. Heute ist ein Staatsmann nicht mehr im politischen Geschäft tätig, sondern war es früher einmal; er befindet sich im Ruhestand. „Staatsmann" wurde von einer Berufs- und Tätigkeitsbezeichnung zum rückblickend verliehenen Ehrentitel für eine Persönlichkeit im Ruhestand, die in hohem Staatsamt Größeres geleistet hat als nur dem Tagesgeschäft nachzugehen. Philos *politikos* ist aber kein *elder statesman,* sondern steht Mitten im politischen Geschäft. Einer Anregung von Gustav Adolf Seeck (*Platons Politikos. Ein Kritischer Kommentar,* München 2012) folgend, geben wir *politikos* daher mit „Politiker" wieder, so dass der Titel lautet: „Das Leben des Politikers oder Über Josef". Der ursprüngliche Buchtitel mag den Namen Josefs nicht enthalten haben; darauf weist der älteste Katalog der Werke Philos hin, den Eusebius (*Kirchengeschichte* II 18,6) zu Beginn des 4. Jahrhunderts bietet: Dort erscheint das Werk unter dem Titel *Ho politikos/Der Politiker.*

Wer die *Josefsschrift* zusammen mit ihrer biblischen Vorlage studieren möchte, muss auf die *Septuaginta,* die antike griechische Übersetzung des Alten Testaments, zurückgreifen, die Philo las. Davon gibt es eine deutsche Übersetzung: *Septuaginta deutsch. Das griechische Alte Testament in deutscher Übersetzung,* hg. von Wolfgang Kraus und Martin Karrer, Stuttgart 2. Auflage 2010.

Literatur

Hans von Arnim, *Quellenstudien zu Philo von Alexandria,* Berlin 1888.

Diego de Brasi, Der *politikos anēr* als *pantōs oneirokritikos* bei Philon von Alexandria. Prolegomena zu einer Interpretation der Schrift *De Iosepho,* in: *Elenchos* 36 (2015), 115–139.

Leopold Cohn, Über Joseph, in: Philo von Alexandria, *Die Werke in deutscher Übersetzung,* Breslau 1909, Band 1, 155–213.

Eric Robertson Dodds, *Die Griechen und das Irrationale,* Darmstadt 1970.

Isaak Heinemann, *Philons griechische und jüdische Bildung,* Breslau 1932.

Earle Hilgert, A Survey of Previous Scholarship on Philo's *De Iosepho,* in: *Society of Biblical Literature Seminar Papers* 25 (1986), 262–270.

Bernhard Lang, *Joseph in Egypt: A Cultural Icon from Grotius to Goethe,* London 2009.

Mogens Herman Hansen, *Die Athenische Demokratie im Zeitalter des Demosthenes,* Berlin 1995.

Maren R. Niehoff, Philo's *Exposition* in a Roman Context, in: *The Studia Philonica Annual* 23 (2011), 1–21, besonders 16–21: „The Life of Joseph in a Roman Context".

Friedericke Oertelt, *Herrscherideal und Herrschaftskritik bei Philo von Alexandria. Eine Untersuchung am Beispiel seiner Josephsdarstellung in De Josepho und De somniis II,* Leiden 2015.

Ines Pollmann, *Gesetzeskritische Motive im Judentum und die Gesetzeskritik des Paulus,* Göttingen 2012.

J. Manuel Schulte, *Speculum Regis. Studien zur Fürstenspiegel-Literatur in der griechisch-römischen Antike,* Münster 2001.

Stoicorum Veterum Fragmenta. Hg. von Hans von Arnim. Band 3, Stuttgart 1903.

Marianne Weber, *Max Weber. Ein Lebensbild,* Tübingen 1926.

Für wertvolle Hinweise dankt der Bearbeiter Maren Niehoff und Jürgen Wehnert.

Glossar philonischer Wörter

Der Leser der *Josefsschrift* (und der Einleitung zu dem Werk, dessen Abschluss die Josefsschrift bildet) stößt auf eine Reihe von Wörtern, die der griechischen Kultur oder zumindest dem Denken Philos eigen, der biblischen Erzählung jedoch fremd sind. Sie seien im nachstehenden Glossar philonischer Wörter und Ideen zusammengestellt. Charakteristische Belege und griechische Wörter sind in Klammern beigefügt.

Allegorese (zu *allēgoreō,* „sinnbildliche Bedeutung besitzen"). –
  Legt Philo einen Bibeltext allegorisch aus, dann betrachtet er einzelne Textelemente wie Wörter, Namen oder Mitteilungen; diese bringen ihn auf andere Gedanken als solche, die der Textzusammenhang selbst nahelegt. Ihrem Wesen nach spielerisch und kreativ, ist Allegorese eine assoziativ vorgehende Methode, die der Erschließung und Produktion von Sinn dient. Vgl. Abschnitt 28.
Freimut, freimütige Rede *(parrhēsia).* – Das Wort bezeichnet die Eigenschaft des einfachen Mannes, ohne Unterwürfigkeit mit einem Mächtigen – z. B. einem König – zu reden und ihm auch Unangenehmes zuzumuten. Das Gegenteil wäre schmeichlerische Rede. Freimut gilt als Ideal der kynischen Philosophen. Vgl. Abschnitte 107 und 222.
Gewissen *(syneidos).* – In der Philosophiegeschichte zählt Philo zu den frühen Vertretern des sich allmählich ausbildenden Gewissensbegriffs. Das Gewissen, verstanden als innerer Richter, wird von Philo in der *Josefsschrift* nur zweimal genannt (Abschnitte 47 und 197), doch Gewissensbisse werden einmal ausführlich und anschaulich beschrieben (Abschnitte 47–48). Interessant ist die Abwesenheit des Gewissensbegriffs in Philos Beschreibung der Freveltat der Brüder an Josef: Die Tat belastet nicht ihr Gewissen, sondern beeinträchtigt, sobald ruchbar, ihre Ehre (Abschnitt 19).
Das Göttliche *(to theion).* – An einer Stelle (Abschnitt 110) bedient sich Philo der auf Sokrates zurückgehenden Vorstellung von einer inneren göttlichen Stimme, der er eine bestimmte Ein-

sicht verdankt. Dieses „Göttliche", das sich in seinem Innern meldet, ist als der persönliche Schutzgott, eine Art Schutzengel, zu verstehen.

„Lebendes Gesetz" *(nomos empsychos)*. – Josef gehört mit Abraham, Isaak und Jakob zu jenen maßgebenden Menschen, die für andere Vorbild sind. Was sie tun und sagen, hat für die Späteren gleichsam Gesetzescharakter; sie sind, modern ausgedrückt, wandelnde Gesetzbücher (Philo, *De Abrahamo* 5). Bereits nach Plato *(Politikos* 294a und *Nomoi* 875c) darf der wahre Politiker ohne Gesetze herrschen, da er stets vernunftgemäß und gerecht handelt; bei Philo wird dieses Argument durch eine historische Überlegung gestützt: Zur Zeit der Erzväter Israels, folglich auch Josefs, gab es das geschriebene mosaische Gesetz noch gar nicht.

Haus(verwaltung). – Unter „Haus" *(oikos)* versteht die griechische Kultur den Gesamtkomplex, der sich aus Kernfamilie, Hausgesinde und land- und viehwirtschaftlichem Betrieb zusammensetzt. Dem reichen Hausherrn steht ein Hausverwalter *(oikonomikos)* zur Verfügung. Abschnitte 37–39.

Logos *(logos)*. – Der Logos – wiederzugeben mit „Vernunft" oder „Wort" – ist bei Philo eine schwer zu fassende göttliche, die Welt lenkende Größe, die man als immanente Gestalt Gottes verstehen kann. An einer Stelle der *Josefsschrift* wird dem Logos die Aufsicht über das Tun der Menschen zugeschrieben (Abschnitt 174).

Megalopolis (wörtlich: Großstaat; Abschnitt 29). – Der Name bezeichnet den Universalstaat, dem alle Menschen der Erde als Bürger angehören. Der wahre Politiker ist der Megalopolis verpflichtet, und damit dem Naturrecht, das für alle Menschen gilt; nicht verpflichtet ist er den besonderen, problematischen Gesetzen einer einzelnen Polis.

Menschenfreundlichkeit *(philanthrōpia)*. – Die von der Ethik erwünschte Einstellung eines Höhergestellten zu Menschen niederen Ranges. Gemeint sind Milde, Nachsicht, Empathie, Mitleid, auch Freigebigkeit. Josef gilt Philo als „überaus menschenfreundlich". Vgl. die Abschnitte 82, 94, 198 und 240.

Natur *(physis)*. – Zum einen gilt die Natur als gütige Mutter und Vorsehung (Abschnitte 38 und 192). Zum andern ist mit der Natur eine universal gültige sittliche Ordnung gegeben, der an sich alle Menschen verpflichtet sind. Eigentlich bedürfte es deshalb keiner besonderen staatlichen Gesetze (Abschnitt 29), wie sich an Josefs Tun zeigt, das der Natur entspricht. Im Hintergrund steht die kynische und stoische Maxime, die vom Menschen verlangt, „gemäß der Natur zu leben". Vgl. *De Abrahamo* 6.

Politiker *(politikos)*. – Der politisch tätige Mann kann in zwei Kontexten agieren: Entweder ist er vom König berufener Beamter in hoher Stellung (Abschnitt 119), oder er übernimmt in einem Stadtstaat – einer Polis – politische Aufgaben im Rahmen städtischer Selbstverwaltung (Abschnitt 72–73).

Schande *(oneidos)*. – Eine Freveltat wie den Verkauf des Bruders in die Sklaverei bringt Schande nicht nur über die Täter, sondern über die gesamte Verwandtschaft und sogar die Vorfahren (Abschnitte 19, 172, 216). Die antike Gesellschaft schreibt einer Familie stets Ehre oder Schande zu. Kein Familienmitglied darf die Familienehre gefährden (Abschnitte 216 und 237).

Seele *(psychē)*. – Nach Philo hat der Mensch eine unsterbliche Seele: „Nach meiner Meinung ist kein tugendhafter Mann wirklich tot. Als Seele nicht mehr unter dem Zwang des Körpers, lebt er ewig als unsterbliches Wesen und altert nie" (Abschnitt 264). Die Seele ist Sitz des Wissens, des Gedächtnisses und der Emotionen.

Standhaftigkeit *(karteria)*. – Das Wort wird besonders von stoischen Philosophen für eine Charakterfestigkeit und Prinzipientreue verwendet, die sich in den Wechselfällen des Lebens bewährt. Diese für den tugendhaften Menschen unentbehrliche Eigenschaft wird von Philo Josef und dem wahren Politiker zugeschrieben. Vgl. Abschnitt 246 (ähnlich 269).

Vortrefflichkeit *(kalokagathia)*. – Der Ausdruck bedeutet wörtlich „Schön- und Gutheit". Damit bezeichnet der Grieche die Eigenschaft des vollkommenen, körperlich und geistig tüchtigen Menschen, des Mitglieds der moralischen Elite. Für Philo ist Josef ein Beispiel. Vgl. die Abschnitte 37, 85 und 230.

Wohlgeboren, von guter Herkunft, edel. – Das Adjektiv „wohlgeboren" (griechisch *eugenēs* oder *eupatridēs*) wie das Substantiv „Wohlgeburt" *(eugeneia)* werden auf Josef bezogen. Er ist ein freier, angesehener Mann von privilegierter Herkunft und edler Sinnesart, ein Angehöriger der Oberschicht. In der griechischen Welt gilt der Wohlgeborene, den man sich als wohlhabend und von schöner Gestalt vorstellt, mehr als der einfache Mensch. Wohlgeburt ist mit den Begriffen Ehre und Schande eng verknüpft (Abschnitte 19 und 172). Zum hellenistischen Herrscherideal, dem Philo verpflichtet ist, gehört die vornehme Herkunft des Herrschers. Vgl. Abschnitte 37, 106 und 248.

Übersetzung

Vorwort (der Abrahamschrift)[5]

1. In fünf Büchern[6] sind die heiligen Gesetze[7] niedergelegt. Das erste Buch trägt den Titel „Genesis" („Entstehung"). Diese Bezeichnung bezieht sich auf die Erschaffung der Welt, die am Anfang beschrieben ist. Gleichwohl wird noch vieles andere behandelt: Frieden und Krieg, Fruchtbarkeit und Unfruchtbarkeit, Hungersnot und Überfluss, Vernichtung und Gedeihen – Vernichtung der Geschöpfe durch Feuer oder Wasser, Wachstum und Gedeihen von Tieren und Pflanzen durch den wohlgeordneten Wechsel von Wetter und Jahreszeiten, Wohl und Wehe von Menschen, die teils tugendhaft, teils sündhaft gelebt haben. 2. Da solcherlei zur Welt selbst oder zu ihren Veränderungen gehört, die Welt selbst aber alles vollendet und umschließt, hat er[8] das ganze Buch nach der Erschaffung der Welt benannt.

Die Erschaffung der Welt haben wir bereits im vorhergehenden Buch[9] so gründlich erörtert, wie es uns möglich war. 3. Jetzt gilt es, die Gesetze einzeln und in richtiger Reihenfolge zu behandeln, doch sollen die besonderen Gesetze zunächst beiseite bleiben, sind sie doch Abbilder von allgemeineren Gesetzen, von Urbildern nämlich, die zuerst zu erläutern sind. 4. Bei den Urbildern handelt es sich um Männer, die tadellos und sittlich gelebt haben. Ihre

---

5 Philo, *De Abrahamo/Über Abraham* 1–6. Das Vorwort gilt nicht nur für die Abrahamschrift, sondern für das ganze Werk, dessen abschließender Teil die Josefsschrift bildet.

6 Die ersten fünf Bücher der Bibel: Genesis, Exodus, Leviticus, Numeri, Deuteronomium.

7 Die Gesetze der Juden.

8 Gemeint ist Mose, der Philo als Autor der ersten fünf Bücher der Bibel gilt.

9 Philo, *De opificio mundi/Von der Erschaffung der Welt.*

Tugenden sind in den heiligen Schriften nicht nur zu ihrem Ruhm verewigt, sondern auch, um die Leser anzuspornen und zu gleichem Eifer anzuleiten. 5. Als lebendige, vernünftige Gesetze[10] verherrlicht der Autor jene Männer zu einem doppelten Zweck: Erstens will er zeigen, dass die gegebenen Anordnungen von der Natur nicht abweichen, zweitens, dass es nicht viel Mühe machen kann, nach den geschriebenen Gesetzen zu leben, da man, noch ehe die besonderen Gesetze überhaupt aufgeschrieben waren, bereits völlig mühelos nach ihnen gelebt hatte. Deshalb kann man sagen, die gegebenen Gesetze seien nichts anderes als Erinnerungen an das Leben der Alten, ihre Taten und Worte. 6. Niemandes Zöglinge und Schüler waren sie; kein Lehrer hat ihnen gesagt, was man tun und reden soll. Der eigenen inneren Stimme folgend und so durch sich selbst belehrt, haben sich diese Männer begeistert nach der Natur gerichtet. Überzeugt, dass die Natur selbst die älteste Satzung sei – was der Wahrheit entspricht –, gehorchten sie ihr Leben lang dem guten Gesetz. Freiwillig hielten sie sich von der Sünde zurück, und wenn sie das Schicksal einmal irreführte, riefen sie Gott an, um durch Bitten und Flehen seine Gunst zu gewinnen. So wurde ihre Lebensführung in jeder Hinsicht vollkommen – im bewussten wie im unbewussten Handeln.

Vorwort (der Josefsschrift)

1. Drei Ideen[11] gibt es, von denen aus das höchste Ziel[12] zu erreichen ist: Unterweisung, Naturanlage und Übung.[13] Und drei weise Männer, nach der Darstellung des Mose die ältesten, sind diesen Ideen

---

10   Im Hintergrund steht die Idee vom König als „lebendiges" oder „lebendes Gesetz" *(nomos empsychos),* die Philo und andere von den Pythagoreern der hellenistischen Zeit übernommen haben. „Der König ist das lebende Gesetz." (Philo, *De vita Mosis/Das Leben des Mose* II 4) Der König ist nachzuahmendes Vorbild.
11   Gemeint sind Ausgangspunkte, Methoden.
12   Nämlich Tugend und Gotteserkenntnis.
13   „Drei Dinge, meinte er" – Aristoteles – „sind nötig für die Bildung: Anlage, Unterricht und Übung"; Diogenes Laertios, *Leben und Lehre der Philosophen* V 18. Der in der Antike verbreitete Gedanke stammt von Plato, *Menon* 70 a.

zugeordnet.[14] Ich habe ihre Lebensgeschichten aufgezeichnet – die des Belehrten, die des Autodidakten und die des Übenden. Die vierte Lebensgeschichte, durch die ich nun die Reihe fortsetze, handelt vom Politiker. Einer von den Stammvätern, der diesen Typus vertritt, wurde von Jugend an dazu ausgebildet.

Die Jugend des Herrschers oder Politikers

2. Seine Ausbildung begann um das siebzehnte Lebensjahr mit dem Erlernen der Hirtenkunst (Gen 37,2), die mit der Staatskunst übereinstimmt – daher wohl auch die dichterische Bezeichnung der Könige als „Hirten des Volkes".[15] Wer sich auf die Hirtenkunst versteht, wird auch als König das Beste leisten, da er bei den Herden, die geringer Aufmerksamkeit bedürfen, gelernt hat, wie man für die vorzüglichste Herde aller Lebewesen, die der Menschen, sorgt. 3. Wer später einmal ein Heer in den Krieg führen soll, kommt nicht umhin, sich in der Jagd zu üben;[16] in gleicher Weise ist für den, der den Staat[17] zu

---

14 Abraham gilt als der von Gott belehrte, Isaak als der von seiner Anlage her Fromme, Jakob als jener, der durch Übung zur Vollkommenheit gelangt, vgl. Philo, *De Abrahamo* 52.

15 Ein Beispiel für „Hirte der Völker" als Königsbezeichnung findet sich bei Homer, *Ilias* I 263. Die Wendung ist geflügeltes Wort, vgl. Xenophon, *Memorabilia/Erinnerungen an Sokrates* III 2,1; Dion von Prusa, *Reden* III 6. Vgl. auch das von Xenophon (*Kyrupädie/Erziehung des Kyros* VIII 2,14) König Kyros zugeschriebene Wort: „der Beruf des guten Hirten und des guten Königs sei gleich". Ein Herrscher muss handeln wie ein guter Hirte, „der für Obdach und Weide für seine Herde sorgt, ferner die wilden Tiere abwehrt und vor Dieben auf der Hut ist" (Dion von Prusa, *Reden* III 41).

16 „Sie machen die Jagd zum Gegenstand öffentlicher Vorsorge, ... weil sie darin die beste Vorübung für die Kriegsführung erblicken", schreibt Xenophon über die Perser (*Kyrupädie* I 2,10). Bei der Jagd lernt man den Umgang mit Waffen und die dem Gegner gegenüber zu übende List (I 6,28–29. 39–40). Die Idee von der Jagd als „Vorübung für Krieg" stammt wohl von den Spartanern (Xenophon, *Verfassung der Spartaner* IV 7).

17 *Polis*, eigentlich „Stadtstaat" oder „Stadtrepublik", bezeichnet den typisch griechischen, überschaubaren kleinen Territorialstaat, der aus einer Stadt (*polis*) und ihrem Umland besteht; siehe Abschnitt 110.

leiten hofft, nichts so angemessen wie die Hirtenkunst,[18] die ihn Vorstehen und militärisches Befehlen[19] lehrt.

4. Kaum hatte der Vater des Jünglings in ihm die edle, über dem Üblichen stehende Sinnesart entdeckt, da brachte er ihm Bewunderung und Respekt entgegen und liebte ihn mehr als seine anderen Söhne,[20] zumal er ein Spätgeborener war, was nicht wenig zur Steigerung der Zuneigung beizutragen pflegt. Selbst ein Liebhaber von allem, was vollkommen ist, schürte er die Glut der natürlichen Anlage des Jünglings durch besondere und außerordentliche Beschäftigungen, damit diese nicht nur glimme, sondern bald zu einem richtigen Feuer entflamme. 5. Der Neid aber, stets der Feind des großen Erfolgs, machte sich ans Werk und säte Zwietracht in einer allseits glücklichen Familie, indem er alle Brüder gegen den einen aufbrachte. Die Gunst, die der Vater dem Jüngling schenkte, glichen sie durch ihre Missgunst aus, so dass ihr Hass dasselbe Maß wie die Liebe des Vaters erreichte. Ihren Hass äußerten sie jedoch nicht, sondern verbargen ihn, wodurch er nur noch größer wurde: Denn Gefühle, die verheimlicht werden, sich aufstauen und nicht nach außen treten, werden noch heftiger.

6. In seiner Einfalt bemerkte der Jüngling nichts von der versteckten Missgunst seiner Brüder. Arglos berichtete er ihnen wie guten Freunden einen Glück verheißenden Traum. „Es schien mir", sagte er, „als sei die Zeit der Ernte gekommen. Wir alle zogen aufs Feld, um die Ernte einzubringen. Und wie wir mit Sicheln mähten, da richtete sich plötzlich meine Garbe auf. Eure Garben aber eilten wie auf ein Zeichen zu meiner Garbe herbei und verbeugten sich

---

18 Sokrates soll die Sorge des Hirten für eine Rinderherde mit der Sorge des Politikers für den Staat verglichen haben; vgl. Xenophon, *Memorabilia* I 2,32.

19 Manche Editionen sehen im Wort *stratēgía* einen Fehler der Textüberlieferung, doch vielleicht steht hier, wie gelegentlich im vorliegenden Werk, Xenophons *Kyrupädie* vor Augen: Dieses Werk betont die militärischen Kompetenzen des (persischen) Politikers.

20 Nach der biblischen Darstellung (Gen 37,3) ist Josef der Lieblingssohn seines Vaters und genießt Vorzug vor seinen Brüdern, ohne dass bestimmte Gründe dafür angegeben werden. Philo erfindet einen akzeptablen Grund für die besondere Aufmerksamkeit des Vaters: Josef zeichne sich durch besondere Begabung, als der helle, aufgeweckte und besondere Sohn, vor den Brüdern aus.

vor ihr in scheuer Ehrerbietung." 7. Die Brüder aber besaßen genug Verstand, um Symbole zu enträtseln, und so antworteten sie ihm: „Du glaubst doch nicht etwa, über uns einmal als König und Herr zu herrschen? Denn nichts anderes als das soll dein Lügentraum besagen." 8. So kam eins zum anderen. Ihr Hass gegen ihn fand immer neue Nahrung.

Schon wenige Tage später berichtete der Ahnungslose seinen Brüdern einen weiteren, noch erstaunlicheren Traum. Ihm träumte, die Sonne, der Mond und elf Sterne seien herbeigekommen und hätten sich vor ihm verneigt. Auch der Vater war erstaunt. Er bewahrte diesen Vorfall im Herzen, bedachte ihn und fragte sich, wie es wohl weitergehen würde. 9. Aus Furcht, der Jüngling könnte einen Fehler begehen, wies er ihn zurecht und sagte zu ihm: „Sollen wir uns alle vor dir in Verehrung niederwerfen – ich, die Mutter und die Brüder? Denn mit der Sonne meinst du doch den Vater, mit dem Mond die Mutter und mit den elf Sternen die elf Brüder. Schlage dir das aus dem Kopf, mein Sohn, und behalte den Traum für dich! Die Hoffnung, über den Verwandten zu stehen und nach Herrschaft zu streben, gilt mir als tadelnswert. Das ist meine Meinung – und die aller, denen an Gleichheit und gleichem Recht liegt für alle, die miteinander verwandt sind." 10. Durch weiteres Zusammensein der Brüder mit dem Jüngling sei Unruhe und Zwist zu befürchten, meinte der Vater, denn jene grollten dem Träumer wegen seiner Traumgesichte; daher schickte er sie weg, die Herden zu hüten, während er den Jüngling so lange bei sich zu Hause behielt, wie es nötig war. Die Zeit – das wusste er – ist die beste Arznei gegen Leiden und Krankheiten der Seele; sie beseitigt Trauer, tilgt Groll und heilt Furcht.[21] Auch was von Natur aus schlecht heilt, wird durch die Zeit kuriert. 11. Als er glaubte, der Hass sei aus ihrem Herzen verschwunden, schickte er den Jüngling aus, die Brüder zu besuchen, damit er erkunde, wie es um sie und die Vieherden bestellt sei.

---

21 Das ist eine stoische Lehre: „Das wirksamste Mittel gegen den Zorn ist die Zeit. … Heftig ist die erste Erregung; sie lässt nach, wenn man abwartet." (Seneca, *De ira/Vom Zorn* II 29)

Der Jüngling wird von den Brüdern verkauft

12. Die Reise des Jünglings sollte zur Quelle von größerem Unheil, aber auch von größerem Heil werden, als alle jemals hätten erwarten können. Dem Auftrag des Vaters folgend, ging er zu seinen Brüdern (Gen 37,12–17). Als diese ihn aber von weitem bemerkten, beredeten sie sich, und ihre Rede war böse. Sie nannten ihn nicht einmal beim Namen, sondern benutzten für ihn Ausdrücke wie „die Traumplage", „der Schläfer" und dergleichen. Ihr Zorn erreichte ein solches Ausmaß, dass die meisten – wenn auch nicht alle – Brüder ihn töten und, um die Sache zu vertuschen, seinen Leichnam in eine tiefe Grube werfen wollten. Es gab nämlich in jener Gegend viele Zisternen für Regenwasser. 13. Um ein Haar hätten sie das schändlichste aller Verbrechen, den Brudermord, begangen, hätte nicht der Älteste von ihnen geraten, statt sich mit der Bluttat zu beflecken, den Jüngling nur in eine Grube zu stoßen. Heimlich sann er auf Rettung: Sobald die anderen weggegangen wären, wollte er den Jüngling befreien und unversehrt zum Vater zurückschicken. 14. Kaum hatten sie sich geeinigt, da kam der Jüngling herzu und begrüßte sie, doch sie packten ihn, als wäre er ein Feind. Sie rissen ihm das Gewand vom Leib und stießen ihn in eine tiefe Grube. Das Gewand aber tauchten sie in das Blut eines Böckchens und schickten es dem Vater mit der Nachricht, er sei das Opfer wilder Tiere geworden.

15. Nun kamen Kaufleute des Weges mit Waren, die sie von Arabien nach Ägypten brachten. Da zogen die Brüder den Jüngling wieder aus der Grube herauf und verkauften ihn an diese Männer. Das geschah auf Anraten des Bruders, der nach dem Alter der vierte war; dieser befürchtete nämlich, wie ich glaube, die Brüder könnten den Jüngling aus unversöhnlichem Hass doch noch hinterlistig töten. So hatte er ihnen zum Verkauf geraten – zu versklaven statt zu ermorden, und damit das kleinere Übel statt des größeren zu wählen.

Die Klage des ältesten Bruders und die Klage des Vaters

16. Der älteste Bruder aber war beim Verkauf nicht dabei (Gen 37,29). Als er kam und in die Grube hinabschaute und den Jüngling, den er kurz zuvor dort gelassen hatte, nicht mehr fand, stieß er einen lauten Schrei aus, zerriss seine Kleider, rannte wie ein Verrückter umher, klatschte in die Hände[22] und raufte sich die Haare. 17. „Heraus mit der Sprache: was ist mit ihm geschehen?", fragte er. „Lebt er oder ist er tot? Wenn er nicht mehr lebt, zeigt mir den Leichnam, damit ich ihn beweinen und so meinen Schmerz über das Unglück lindern kann. Schon wenn ich ihn nur sehe, finde ich Trost. Macht es Sinn, einem Toten noch zu grollen? ‚Wider die, die tot sind, hegt man keinen Groll.'[23] Wenn er lebt: Wo ist er? Bei wem findet er Schutz? Traut ihr mir nicht? Hegt ihr denselben Argwohn gegen mich wie gegen ihn?"

18. Sie berichteten über den Verkauf und zeigten ihm den Erlös. „Einen schönen Verkauf habt ihr da getätigt! Lasst uns den Erlös teilen! Im Wettstreit mit den Sklavenhändlern um den Preis der Bosheit gebührt uns der Siegeskranz. Lasst uns damit prahlen: Wir waren noch grausamer als sie, denn sie tun sich gegen Fremde zusammen, wir aber gegen den Nächsten und Liebsten. 19. Eine neue, große Schande ist erfunden, sie wird herumerzählt. Überall auf der Welt haben unsere Väter Denkmäler der höchsten Tugend hinterlassen; wir selbst aber hinterlassen den unauslöschlichen schlechten Ruf der Treulosigkeit und Menschenverachtung. Die Kunde von großen Taten verbreitet sich in aller Welt – die lobenswerten werden bewundert, die frevelhaften getadelt und verurteilt. 20. Die Nachricht über das, was geschehen ist – wie wird sie unser Vater aufnehmen? Dreifach gesegnet war er, dreifach glücklich, doch sein Leben, wie auch das unsere, ist kein Leben mehr. Wen wird er mehr

---

22 Als Geste des Abscheus. Vgl. in der Bibel: „Wenn ich aber die Hände zusammenschlage über das, was du getan, was du vollbracht hast, über die Bluttaten, die in deiner Mitte geschehen sind …" (Ez 22,13, griechischer Text).

23 Spruch im Hexameter, aus unbekannter Quelle. Sinn: Den Toten grollt man nicht. Vgl. das bekannte Wort: „Von den Toten sprich nur Gutes" *(de mortuis nil nisi bene).*

beklagen: den in die Sklaverei Verkauften oder die grausamen Verkäufer? Kein Zweifel: uns mehr als ihn, denn Unrecht zu erleiden ist weniger beklagenswert als Unrecht zu begehen.[24] Wer Unrecht erleidet hat zwei mächtige Helfer – Mitleid und Hoffnung; wer aber Unrecht begeht, hat keinen Anteil an beiden, und alle verurteilen ihn. 21. Doch wozu noch solches Jammern? Schweigen ist besser, sonst nimmt es ein schlimmes Ende auch mit mir, denn ihr seid grausam und unerbittlich in eurem Groll, und in jedem von euch lodert noch frisch der Zorn."

22. Der Vater erfuhr nicht die Wahrheit über den Verkauf seines Sohnes, sondern die Lüge über dessen Tod und den Fraß durch wildes Getier. Wie ein Schlag auf Ohr und Auge traf ihn, was er hören musste und sah, als man ihm das Gewand des Knaben brachte – zerrissen, verunstaltet, scharlachrot von der Menge des Blutes. Fassungslos sank er darnieder und lag eine Weile reglos da mit geschlossenen Lippen, ohne das Haupt zu erheben, so sehr traf ihn das Unglück und zerschmetterte ihn. 23. Dann stürzte plötzlich ein Strom von Tränen hervor, die Wangen, das Kinn, die Brust und die Kleider benetzend, die er trug, während er laut aufschluchzte und Worte wie diese fand:

„Nicht dein Tod, mein Kind, macht mir so großen Kummer, sondern dessen Umstände. Hätte man dich wenigstens in heimatlicher Erde bestattet, dann gereichte mir das zum Trost. Vor dem Tod wäre ich dir beigestanden und hätte dich gepflegt. Im Augenblick des Todes hätten wir einen letzten Kuss getauscht. Dann hätte ich dir die Augen geschlossen und deinen Leichnam beklagt. Eine herrliche Bestattung hätte ich dir bereitet und keinen der üblichen Bräuche ausgelassen. 24. Hätte man dich in fremder Erde bestattet, dann könnte ich sagen: Die Natur fordert ihren Tribut, also gräme dich nicht, meine Seele! Nur wer lebt, hat ein Vaterland, doch für die

---

24 Bekannter Ausspruch des Sokrates: „Von den beiden, dem Unrechttun und dem Unrechtleiden, ist das größere Übel das Unrechttun, das kleinere das Unrechtleiden." (Plato, *Gorgias* 509c) Man beachte das Paradoxon, das der älteste Bruder ausspricht: Der Vater werde die Brüder wegen des von ihnen begangenen Unrechts mehr beklagen und größeren Schmerz empfinden als über den verlorenen Sohn!

Toten ist die ganze Erde das Grab.[25] Keinen ereilt das Schicksal zu schnell – oder jeden, denn auch das längste Leben ist zu kurz, verglichen mit der Ewigkeit.[26] 25. Fürwahr: wäre es für dich bestimmt gewesen, auf gewaltsame Weise als Opfer eines verbrecherischen Anschlags zu sterben, dann wäre mir das als das kleinere Übel erschienen, denn dann hätten sich die Mörder vielleicht des Toten erbarmt. Sie hätten Erde gesammelt und deinen Leichnam bedeckt. Was hätten rohe Menschen Schlimmeres tun können als wegzugehen und dich unbestattet liegenzulassen?[27] Doch dann wäre vielleicht ein Wanderer des Weges gekommen und hätte dich erblickt; der allen Menschen gemeinsamen Natur gedenkend, hätte er dich aus Mitleid mit Sorgfalt bestattet. Nun aber bist du, wie man sagt, ein gefundenes Fressen für wilde fleischfressende Tiere geworden, die sich gütlich tun – an meinem eigenen Fleisch. 26. Ich bin ein Held des Missgeschicks, durch vielfaches Leid geprüft: Ich war Wanderer, Fremder, Lohnarbeiter, wurde erpresst und erlebte von unerwarteter Seite einen Anschlag auf mein Leben.[28] ‚Vieles hab ich geseh'n, und auch vieles gehört,'[29] doch tausendmal auch Unerträgliches erduldet.[30] Nichts hat mich überwältigt, denn ich habe gelernt, Maß zu halten im Schmerz. Doch nichts ist so schwer zu ertragen wie das jetzige Unglück, das meiner Seele die Kraft nimmt und sie vernich-

---

25 Die Wendung „die ganze Erde das Grab" *(pasa gē taphos)* ist Thukydides *(Peloponnesischer Krieg* II 43,2) entlehnt: „Hervorragenden Männern ist die ganze Erde Grab. Nicht nur eine Inschrift auf einem Ehrenmal in der Heimat kündet von ihnen, sondern auch in der Fremde wohnt in jedermann ungeschriebenes Gedenken." „Grab" wäre demnach im Sinne von „Gedenkstätte" verstanden, doch vielleicht will Philo nur sagen: „Für die Toten ist jede Erde das richtige Grab".

26 Offenbar ein antiker Topos: „Vergleiche unsere längste Lebenszeit mit der Ewigkeit. Dabei wird sich herausstellen, dass wir beinahe dieselbe Lebenszeit haben wie jene Tierchen", von denen Aristoteles berichtet, sie lebten nur einen einzigen Tag. (Cicero, *Tusculanae disputationes/Tuskulanische Gespräche* I 39 (94))

27 Nicht bestattet zu werden gilt in der Antike als schlimmes Schicksal.

28 Gen 27,41–44; 29–31. Mit dem Anschlag ist vielleicht die Episode Gen 32,23–33 gemeint.

29 Vers im Hexameter; vielleicht ein Zitat aus unbekannter Quelle.

30 Solche Leidenskataloge sind in der antiken Literatur verbreitet; ein Beispiel bietet der Apostel Paulus in 2. Kor 11,23–33.

tet. 27. Kann ein Schmerz größer und bitterer sein? Da bringt man mir, dem Vater, das Gewand des Sohnes, doch von ihm selbst – kein Stück, kein Glied, kein kleiner Rest. Sein ganzer Leib wurde aufgefressen, und nun gibt es nichts zu begraben. Das mitgebrachte Gewand, so will mir scheinen, soll mich nur an mein Leid erinnern und an das, was der Knabe erlitten hat, so dass alles Unglück unvergessen bleibt."

Während der Vater also klagte, verkauften die Händler den Jüngling in Ägypten an den Koch,[31] einen der Eunuchen des Königs.

Der Politiker (Erster philosophischer Exkurs)

28. Nachdem wir diese Begebenheiten dem Wortlaut gemäß erzählt haben, ist es angemessen, nun eine sinnbildliche Auslegung folgen zu lassen. Alles oder doch fast alles in der Gesetzgebung hat nämlich allegorische Bedeutung.[32]

Der zu beurteilende Menschentyp, um den es hier geht, wird von den Hebräern „Josef" genannt, auf Griechisch „Zusatz zum Herrn", eine treffende und für das Gemeinte passende Bezeichnung. Die politische Verfassung der einzelnen Völker ist nämlich tatsächlich ein Zusatz zur Natur, welche die Herrschaft über alles ausübt. 29. Unsere Welt ist eine Megalopolis,[33] die sich einer einzigen Verfassung und eines einheitlichen Gesetzes bedient, denn die Vernunft der Natur[34] „bestimmt, was zu tun, und untersagt, was zu lassen ist."[35] Die einzelnen Staaten aber, unbegrenzt an Zahl, besitzen keineswegs gleiche Gesetze, sondern unterschiedliche Verfassungen. Man hat hier die einen Sitten und Gebräuche, und dort andere erfunden und nachträglich eingeführt. 30. Der Grund liegt nicht allein in der ethnischen Absonderung – der fehlenden Gemeinschaft der Griechen mit den

---

31 Nach dem hebräischen Text der Bibel wurde Josef an den „Obersten der Leibwache" verkauft, nach der griechischen Übersetzung, die Philo las, an den „Oberkoch" (Gen 37,36).

32 Die Abschnitte 28–36 handeln von der fragwürdigen Seite des Politikers.

33 Riesige Stadt.

34 „Vernunft *(logos)* der Natur" = Naturrecht.

35 Vielleicht Zitat aus einem (verlorenen) Werk des Stoikers Chrysipp; vgl. Veterum Stoicorum Fragmenta III, Nr. 314.

Barbaren und der Barbaren mit den Griechen –, sondern auch in der fehlenden Verbindung beider Völkerschaften mit den eigenen Volksgenossen. Dafür wiederum werden allerlei unzutreffende Gründe namhaft gemacht: Notzeiten,[36] Missernte, karger Boden, ungünstige Lage nahe am Meer, im Binnenland, auf einer Insel, auf dem Festland und dergleichen. Die wahren Gründe werden verschwiegen. In Wirklichkeit sind es nämlich Habgier und gegenseitiges Misstrauen, weshalb ihnen die Naturgesetze nicht genügen. Daher nennen sie das ‚Gesetze‘, was den Interessen der Menge Gleichgesinnter entgegenkommt und ihnen zu nutzen scheint.[37] 31. Mit Recht lassen sich daher die einzelnen Verfassungen als Zusätze zu der einen Verfassung der Natur verstehen. Die Gesetze der einzelnen Staaten sind Zusätze zum Naturgesetz,[38] und der Politiker ist ein Zusatz zum Leben gemäß der Natur.

32. Auf dieser Linie liegt es auch, wenn verlautet, der Knabe habe ein buntes Gewand erhalten (Gen 37,3), ist doch das Staatswesen bunt und viel bewegt,[39] tausendfach im Wandel begriffen durch Personen, besondere Verhältnisse, die Vielfalt der Zeiten und Orte. 33. Ändert sich die Richtung des Windes, muss der Steuermann das Schiff anders lenken; er kann nicht stets in gleicher Weise verfahren. Der Arzt behandelt nicht jeden Kranken gleich, nicht einmal bei demselben Patienten geht er stets in gleicher Weise vor, denn das Leiden selbst bleibt sich nicht gleich. So verfolgt der Arzt das Auf und Ab, die Zunahme und Abnahme, und gemäß dem Wandel der Symptome trifft er einmal diese und einmal jene Maßnahme zur Heilung. 34. Genau so ist es auch, wie ich meine, zwangsläufig beim Politiker.

---

36 Notzeiten in der Landwirtschaft; derselbe Ausdruck auch Abschnitt 267.

37 Nach Kallikles, einem der Gesprächspartner des Sokrates, sind Gesetze von den Schwachen aufgestellt, um die Habgier der Starken einzuschränken (Plato, *Gorgias* 483c). Das Thema Habsucht ist ein Standardthema der antiken Ethik: „Der Sophist Bion sagte: Die Geldgier ist die Metropole allen Übels." (Stobaeus, *Anthologie* III 417). „Die Wurzel aller Übel ist die Habsucht." (1. Tim 6,10)

38 Naturgesetz, wörtlich „rechte Vernunft *(orthos logos)* der Natur", nach stoischer Lehre identisch mit der Weltseele oder Zeus. Vgl. Diogenes Laertios, *Leben und Lehre der Philosophen* VII 88.

39 Vielleicht angeregt durch Plato (*Politeia/Staat* VIII 557c): „Gleich einem bunten Kleid, geziert mit allen Farben, so mag uns auch dieser Staat in der Buntheit aller seiner Sitten sehr schön erscheinen."

Flexibel und anpassungsfähig, muss er sich in Friedenszeiten anders verhalten als im Krieg, auch gegenüber seinen Gegnern einmal so und einmal so, je nach der Größe ihrer Zahl. Sind es deren wenige, tritt er ihnen entschlossen entgegen; sind es viele, so sucht er sie zu überreden. Besteht Gefahr für das Gemeinwohl, will er alle an Initiative übertreffen; handelt es sich aber nur um mühselige Arbeit, so nimmt er sich zurück und überlässt das Geschäft anderen.

35. Auch aus gutem Grund heißt es, dieser Mann sei verkauft worden (Gen 37,28). – Denn Sklaven gleich, die zum Verkauf stehen, betritt der Volksschmeichler die Tribüne; nur um vermeintlicher Ehrungen[40] willen wird er vom Freien zum Sklaven, der von tausend Herren weggeführt wird.[41]

36. In der Erzählung wird er auch als ein von wilden Tieren Zerrissener dargestellt (Gen 37,33). – Tatsächlich ist die eitle Sucht nach Ruhm für alle, die ihr verfallen, eine unzähmbare Bestie, die alle zerreißt und vernichtet.

Die ihn gekauft haben, verkaufen ihn wieder (Gen 37,36). – Tatsächlich haben Männer, die sich um die Polis kümmern, nicht nur einen Einzelnen zum Herrn, sondern die Masse. Die einen kaufen ihn von den anderen, und dann wird er wieder verkauft. Die dreimal Verkauften wechseln nach der Art schlechter Diener die Herren. Verwöhnt und neuerungssüchtig wie sie sind, halten sie es bei keinem lange aus und suchen sich einen neuen Herrn. 37. Soviel dazu!

---

40 Die Volksversammlung von Athen beschloss regelmäßig über Anträge auf Ehrung verdienter Bürger. Verliehen werden konnten Ehrenkranz, Erlassen von Abgaben, Verpflegung auf Staatskosten im Rathaus (Prytaneion).

41 Die Parallelisierung von Politiker und Sklave ist geläufig: „Die Staaten wollen mit ihren Führern umgehen wie ich mit meinen Sklaven. Ich verlange von meinen Sklaven, mir alles Notwendige reichlich zu beschaffen, selbst aber nichts davon anzurühren – ebenso glauben die Staaten, ihre Führer müssten ihnen alles mögliche Gute beschaffen, sich selbst aber aller dieser Dinge enthalten." (Xenophon, *Memorabilia* II 1,9) Auch Plutarch (*Vitae parallelae* – *Agis* 1,1–2) beschreibt – zeitlich nach Philo – den ruhmsüchtigen Demagogen, der sich als Herrscher wähnt, als Sklaven der Menge; der Schluss lautet: „Derselbe Mann kann nicht gleichzeitig dein Herrscher und dein willenloser Diener sein" (1,2). – Das in den Abschnitten 35–36 angesprochene Thema „Der Politiker und die Volksmenge" wird im 2. Philosophischen Exkurs (Abschnitte 58–80) fortgesetzt.

Die Verführung

Nach Ägypten gebracht, trat der junge Mann,[42] wie gesagt, in den Dienst eines Eunuchen (Gen 39,1). Schon nach wenigen Tagen zeigte sich seine Vortrefflichkeit und gute Herkunft, weshalb er die Aufsicht über das Gesinde des Hauses erhielt und über alles, was das Haus betraf. Nichts tat und redete er ohne von Gott geführt zu sein – das hatte sein Besitzer aus vielen Anzeichen erkannt. – 38. Es schien nur so, als hätte ihn sein Käufer zum Vorsteher seines Hauses gemacht; in Wirklichkeit war es die Natur[43] selbst, die ihn zur Leitung eines ganzen Staates, eines Volkes und großen Landes vorgesehen hatte. Er, der Politiker werden sollte, sollte sich durch die Besorgung eines Hauses auf seine Aufgabe vorbereiten. Wenn ein Haus ein Staat im Kleinen ist, und die Hausverwaltung der Politik verwandt, dann gilt auch das Umgekehrte: Der Staat ist ein großes Haus, und die Politik eine Hausverwaltung im Großen.[44] 39. Daraus lernen wir: „Hausverwalter sein und Politiker sein ist dasselbe",[45] auch wenn sich Zahl und Größe der Aufgaben unterscheiden.[46] Ähnlich verhält es sich mit dem Maler und Bildhauer: Ganz gleich, ob er viele oder wenige, große oder kleine Werke schafft, der Künstler verwendet stets dieselbe Kunstfertigkeit und sein Beruf bleibt derselbe.

40. Während sich der junge Mann in der Verwaltung des Hauswesens bewährte, machte sich die Frau seines Herrn an ihn heran,

---

42 Ab hier wird der Held als *neanias* oder *neaniskos* bezeichnet, als „Jüngling". Nach antikem Sprachgebrauch ist ein Mann in den besten Jahren gemeint, bis 45 oder sogar 50.

43 Physis, gemeint ist die Vorsehung (wie Abschnitt 192).

44 Ein in der Antike geläufiger Gedanke: „Wie die Kunst der Hausverwaltung *(oikonomikē)* eine Art Königsherrschaft im Hause darstellt, so bedeutet die Königsherrschaft die Hausverwaltung einer Polis, eines Volkes oder mehrere Völker"; Aristoteles, *Politik* III 14 (1285b). Vgl. Plato, *Politikos/Politiker* 259b; Xenophon, *Memorabilia* III 4,12 (siehe Anmerkung 42).

45 Offenbar ein Sprichwort.

46 „Ja, Nikomachides, verachte mir nicht die Männer, welche sich auf die Hauswirtschaft verstehen *(oikonomikoi andres)!* Denn die Verwaltung der eigenen Dinge unterscheidet sich nur dem Umfange nach von der Verwaltung der öffentlichen Angelegenheiten; in allem übrigen sind sie sich gleich." (Xenophon, *Memorabilia* III 4,12)

von ungezügelter Leidenschaft erfasst.[47] Liebestoll durch die Schönheit des jungen Mannes, lud sie ihn mit schmeichelnden Worten zu einem Stelldichein. Er aber widersetzte sich nach Kräften, blieb standhaft und ließ sie nicht an sich heran, war er doch von seiner Anlage her und durch Übung keusch und anständig. 41. Von frevelhafter Begierde erregt, versuchte sie es immer wieder, doch ohne Erfolg. In ihrer Leidenschaft gebrauchte sie schließlich Gewalt: Sie packte ihn am Gewand und versuchte mit Gewalt, ihn zu sich aufs Lager zu ziehen. Leidenschaft verleiht gewaltige Kraft und lässt auch den Schwächeren den Bogen spannen. 42. Er aber blieb Herr der schwierigen Lage. Der Aufrichtigkeit ebenso verpflichtet wie der Würde seiner Herkunft, sprach er zu ihr die folgenden Worte:[48]

„Was soll die Gewalt?" – so fing er an. „Wir aus dem Geschlecht der Hebräer haben besondere Gesetze und Sitten. 43. Bei anderen Völkern ist es so: Ab vierzehn Jahren geht's ohne Scham zu Huren, Hetären und solchen, die ihren Leib für Geld feilbieten. Bei uns dürfen Hetären nicht einmal leben, denn ihr Gewerbe verbietet das Gesetz unter Todesstrafe.[49] Vor der rechtmäßigen Ehe ist kein Geschlechtsverkehr mit einer Frau erlaubt. Als reine Jungmänner heiraten wir reine Jungfrauen, und wenn wir uns ihnen nähern, dann nicht zur Lust, sondern allein zum Zweck der Zeugung von Nachkommenschaft.[50] 44. Bis zum heutigen Tag bin ich rein geblie-

47 Philo selbst und seine zeitgenössischen Leser mögen bei der liebestollen Ägypterin an Kleopatra gedacht haben, der Herrin Ägyptens im 1. Jahrhundert v. Chr. Kleopatra verführte die Römer Cäsar und Antonius, während ihr der Jude Herodes und der Römer Octavius (Augustus) Widerstand leisteten. Vgl. Anmerkung 59.

48 Philo suggeriert die Vorstellung, Josef halte die Rede, während ihn die Verführerin unentwegt am Gewand festhält.

49 Eine Zuspitzung der alttestamentlichen Gesetzgebung (Dtn 23,18), vielleicht aufgrund von Gen 38,24.

50 Ehelicher Verkehr soll also nur zur Zeugung von Nachkommenschaft dienen, nicht zur Lust, eine Auffassung, die Philo auch in seinen Porträts von Abraham und Mose vertritt (*De Abrahamo* 249; *De vita Mosis* I 28). Diese Lehre wird z. B. auch von den Essenern (Josephus, *Jüdischer Krieg* II, 161) sowie von den Stoikern Seneca (4 v. – 65 n. Chr.) und Musonius Rufus (ca. 30–100 n. Chr.) vertreten. Zurück geht sie auf die Pythagoreer, vgl. Iamblichus, *De vita Pythagorica/Leben des Pythagoras* 210.

ben, und ich werde nicht beginnen, das Gesetz durch Ehebruch, das schlimmste aller Verbrechen, zu verletzen. Wenn ich, den Trieben der Jugend nachgebend, wie die Einheimischen[51] ausschweifend lebte, selbst dann dürfte ich es nicht auf die Frau eines anderen abgesehen haben. Wer wollte den nicht töten, der solches tut? Bei anderen Verbrechen gibt es unterschiedliche Auffassungen, doch in diesem Fall sind sich alle über die Strafe einig – den tausendfachen Tod. Ohne richterliches Urteil überlässt man die Todesstrafe dem, der die Schuldigen auf frischer Tat ertappt.[52] 45. Du aber gehst weiter und mutest mir ein dreifaches Verbrechen zu: Du lädst mich zum Ehebruch ein, zur Schändung der Herrin, zur Untreue gegenüber meinem Herrn.

Bin ich nur deshalb in euer Haus gekommen, um meine Pflichten als Diener zu verletzen, indem ich zu trinken anfange, die Erwartungen meines Herrn enttäusche, seine Ehe, seinen Hausstand, seine Familie gefährde?[53] 46. Ich ehre ihn als meinen Herrn und Wohltäter, hat er mir doch die Verwaltung seines gesamten Eigentums anvertraut, ohne auch nur das Geringste davon auszunehmen, mit der einzigen Ausnahme von dir, seiner Frau. Und zum Dank dafür soll ich nun tun, was du von mir verlangst? Ein schönes Geschenk würde ich ihm damit machen, als Gegenleistung, recht passend zu den voraufgegangenen Gunsterweisen. 47. Mein Herr hat mich, den Gefangenen und Fremden, soweit er das konnte, durch Wohltaten zu einem Freien und Bürger gemacht. Und nun soll ich, der Sklave, ihn wie einen Fremden und Gefangenen behandeln? Welchen Geistes müsste ich da sein, um in einen solchen Frevel einzuwilligen? Brächte ich es fertig, ihn mit frechen Augen anzublicken? Gefühllos wie Eisen? Selbst wenn sich die Tat verheimlichen ließe, regte sich mein schlechtes Gewissen[54] und ich könnte ihm nicht mehr ungeniert in die Augen blicken. Doch es ließe sich ja gar nicht verheimlichen, denn die Zahl der Zeugen wäre zu groß, und zu schwei-

---

51 Ägypter.
52 Das ließ sich aus der Bluttat des Pinhas folgern (Num 25,6–8).
53 Nach Xenophon (*Oeconomicus/Wirtschaftslehre* XII 11 und XII 13; vgl. *Memorabilia* I 2,22) macht der Hang zum Alkohol und unmäßiges Verlangen nach Liebesgenuss einen Mann für das Amt eines Gutsverwalters ungeeignet.
54 Zu Philos Gewissensbegriff vgl. die Einleitung und Abschnitt 262.

gen wäre ihnen nicht erlaubt. 48. Auch dies muss ich sagen: Auch wenn kein anderer es bemerkt oder, wenn er es bemerkt, nichts verrät, dann wäre ich selbst mein Verräter – durch die Farbe meines Gesichts, meinen Blick, meine Stimme, weil ich, wie gesagt, von meinem Gewissen geplagt würde. Doch müssen wir nicht Dikē,[55] die Gefährtin des Zeus und Aufseherin über alle Werke der Menschen, fürchten und ehren, selbst wenn kein Mensch gegen uns Anklage erhebt?"

49. Der junge Mann konnte dies und mancherlei Ähnliches vorbringen und philosophisch auseinandersetzen, doch die Frau hörte auf nichts, denn Begierden sind stark und vernebeln unsere besten Sinne.[56] Er verstand's und ergriff die Flucht. Doch das Gewand, das sie ergriffen hatte, blieb in ihren Händen zurück – 50. was ihr die Möglichkeit gab, Beschuldigungen zu erfinden und sich so an dem jungen Mann zu rächen.

Als ihr Mann von seinen öffentlichen Besorgungen nach Hause kam, gab sie sich sittsam und tugendhaft, als sei sie erbost über einen unsittlichen Antrag: „Du hast einen hebräischen Sklaven ins Haus gebracht. Deine Seele hat er verführt, so dass du ihm bereitwillig und ohne weitere Prüfung die gesamte Hausverwaltung übertragen hast. Nun hat er es auch gewagt, meinen Leib zu schänden. 51. Lüstern wie er ist, hat er sich nicht mit den Mitsklavinnen begnügt; auch an mich, seine Herrin, wollte er sich heranmachen und mich vergewaltigen. Hier ist der Beweis für seine unverschämte Tat: Als ich vor Schreck zu Schreien anfing, wurde ihm Angst. Er ließ sein Gewand zurück und floh aus Furcht, er könnte gefasst werden."

52. Zum Beweis zeigte sie ihm das Gewand. Der Herr schenkte ihr Glauben und befahl, den Sklaven ins Gefängnis zu werfen. Mit dieser Tat beging er aber zwei große Fehler – einen ersten, weil er keine Verteidigung des Angeklagten zugelassen und so einen Unschuldigen wie einen wirklichen Verbrecher behandelt hatte; und einen zweiten, weil das Gewand, das der junge Mann nach Aussage der Frau zurückgelassen hatte, in Wirklichkeit nicht die Gewaltanwendung des jungen Mannes bewies, sondern die Gewaltanwendung von Sei-

---

55 Griechische Göttin der Gerechtigkeit.
56 Vermutlich eine Redensart.

ten der Frau. Hätte der junge Mann nämlich Gewalt geübt, würde er der Frau ihr eigenes Gewand entrissen haben. Da jedoch ihm Gewalt angetan wurde, verlor er das eigene Gewand. 53. Man mag den Herrn entschuldigen, verfügte er doch über nur wenig Bildung. Dazu fehlten ihm Ruhe und Muße, da er sein Leben in der Küche mit Tierblut, Rauch und Asche zubrachte. Sein Geist war beschmutzt – mehr, und nicht weniger, als sein Körper.[57]

Kommentar

54. Mit der Schilderung von Hirtenkunst, Hausverwaltung und Enthaltsamkeit hat der Verfasser drei Kennzeichen des Politikers vorgeführt. Bis jetzt sind wir nur auf die ersten beiden eingegangen, doch auch die dritte, die Enthaltsamkeit, ist für den Staat wichtig.[58] 55. Enthaltsamkeit ist gewiss immer nützlich im Leben, doch im Leben des Staates ganz besonders. Das lässt sich ohne Schwierigkeit jedem lernbereiten Menschen begreiflich machen. 56. Das Unglück, das die Zügellosigkeit über Völker, Länder und ganze Kontinente bringen kann – wer kennt es nicht? Die meisten und die schlimmsten Kriege sind durch Liebesverhältnisse, Ehebruch und weibliche List entstanden, Kriege, die den Staaten die jungen Männer geraubt und den größten und besten Teil der Griechen und Barbaren zugrunde gerichtet haben.[59] 57. Zügellosigkeit führt zu inneren Unruhen im

---

57 Nach Meinung des jüdischen Weisheitslehrers Jesus Sirach schließen sich die Ausübung eines handwerklichen Berufs und höhere geistige Aufgaben aus (Sir 38,24–34). Das ist eine verbreitete antike Auffassung. „Wer ein niedriges Handwerk betreibt, stellt sich das Zeugnis aus, dass ihm das Gute und Schöne wenig bedeutet, denn er wendet seine Kraft an unnütze Dinge." (Plutarch, *Vitae parallelae–Perikles* 2) Wer im Haus und nicht draußen arbeitet und womöglich mit wärmendem Feuer zu tun hat, wird weichlich, worunter auch sein Geist leidet (Xenophon, *Oeconomicus* IV 2).

58 Auch in diesem Punkt muss der Politiker Vorbild sein. Xenophon präsentiert Kyros als Vorbild fürstlicher *enkrateia* = Enthaltsamkeit, Zurückhaltung, Mäßigung (*Kyrupädie* VIII 1,32).

59 Das klassische Beispiel bietet der Trojanische Krieg der griechischen Sage – der zehnjährige Kampf der Griechen gegen die Trojaner, veranlasst durch den Raub der Griechin Helena durch Paris, den Sohn dem König von Troja. Helena war Gemahlin des Menelaos, des Königs von Sparta. Philo mag auch

Staat, auswärtigen Kriegen und Leiden ohne Ende; Besonnenheit dagegen bringt Wohlstand und Frieden sowie Erwerb und Genuss der vollkommensten Güter.

Weitere Lehren über den Politiker (Zweiter philosophischer Exkurs)

58. Es ist wiederum angemessen, das, was damit angesprochen ist, der Reihe nach darzulegen.

Wie wir erfahren haben, war der, welcher den Jüngling gekauft hat, ein Eunuch. Tatsächlich eignet sich dieses Wort zur Charakterisierung der Volksmenge, die den Politiker kauft. Zwar besitzt der Eunuch das Zeugungsorgan, doch die Zeugungskraft geht ihm ab, wie ein Mensch mit grauem Star zwar Augen hat, doch diese können nichts sehen, weil ihnen die Sehkraft fehlt. 59. Worin besteht nun die Gemeinsamkeit von Eunuch und Volksmenge? Die Volksmenge ist unfähig, Weisheit[60] zu zeugen, obgleich sie glaubt, tugendhaft zu handeln. Versammelt sich nämlich eine zusammengewürfelte Menschenmenge, dann werden zwar angemessene Beschlüsse gefasst, aber Reden und Handeln treten auseinander, so dass dem Falschen vor dem Richtigen der Vorzug eingeräumt wird, weil man sich nach dem äußeren Schein richtet und nicht auf das wahrhaft Gute bedacht ist.

60. Und warum schläft die Frau mit einem Eunuchen, was ja wirklich unsinnig ist?[61] Die Volksmenge sucht Leidenschaft, wie der Mann die Frau sucht. Alles was die Volksmenge redet und tut, ist von Leidenschaft bestimmt. Sie macht die Leidenschaft zu ihrer Beraterin in allem – in erlaubten und unerlaubten, in großen und kleinen Dingen, während sie den Rat der Vernunft ausschlägt.

---

an die ägyptische Königin Kleopatra (69–30 v.Chr.) gedacht haben, durch die es zum römischen Bürgerkrieg zwischen ihrem Gemahl Antonius und Octavian (Augustus) kam. Als es ihr nach dem Selbstmord des Antonius nicht gelungen war, Octavian zu verführen, beging sie Selbstmord. Philo mag in Kleopatra den Typ der verführerischen Ägypterin gesehen haben, den er aus der Josefserzählung kannte.

60 Weise Beschlüsse in einer Volksversammlung.

61 Eigentlich erwartet man: „Warum schläft der Eunuch mit einer Frau?"

61. Sehr treffend bezeichnet der Autor den Eunuchen als Koch. Wie der Koch für nichts anderes sorgt als für die unaufhörlichen und ungezügelten Lüste des Leibes, so geht es auch der Volksmenge nur um das Vergnügen, schöne Reden zu hören, so dass die Spannkraft des Geistes nachlässt und sozusagen die Sehnen der Seele erschlaffen. 62. Und wer kennt nicht den Unterschied zwischen dem Arzt und dem Koch? Der eine bereitet mit Eifer die Heilmittel zu, auch wenn diese nicht immer von angenehmem Geschmack sind; der andere schaut allein auf den angenehmen Geschmack, ohne sich um den Nutzen zu kümmern.[62] 63. Die Ärzte im Staat: das sind die Gesetze und die Beamten, die nach den Gesetzen walten, nämlich die Ratsmitglieder und die Richter, die unbestechlich auf das allgemeine Wohl und die Sicherheit bedacht sind. Die Köche aber: das aber sind die hellen Scharen der Neuerer, die sich nicht um das Nützliche kümmern und nur auf den Genuss des Augenblicks aus sind.

64. Die Leidenschaft der Volksmenge verlangt wie ein unzüchtiges Weib nach dem Politiker, zu dem sie sagt: „Du da, gekommen zur Volksmenge, mit der ich verheiratet bin: Vergiss die Sitten und Gebräuche, das Denken und Handeln deiner Herkunft und Erziehung! Höre auf mich, diene mir, tue, worauf ich Lust habe! 65. Ich ertrage keinen mürrischen und eigensinnigen Mann, keinen Fanatiker der Wahrheit, keinen, der konsequent auf das Recht bedacht ist und nie nachgibt, der nur an das Nützliche denkt und auf die Wünsche der Hörer keine Rücksicht nimmt. 66. Ich, die Leidenschaft, werde mich bei dem, der mein Ehemann und dein Herr ist: der Volksmenge, tausendfach über dich beschweren. Ganz klar: du nimmst dir zu viel Freiheit heraus. Du bist doch nur der Diener eines tyrannischen Herrn – ist dir das nicht klar? Freies Handeln kommt nur dem Freien zu, dem Sklaven aber nicht. Wäre dir das bewusst, dann hättest du schon längst deinen Eigensinn aufgegeben und würdest ein Auge werfen auf mich, die Leidenschaft, die Frau deines Herrn! Längst wärst du mir zu Willen und könntest so deinen Herrn zufriedenstellen!"

---

62 Ähnlich bei Plato (*Gorgias* 521e–522a): Soll der Politiker die Menschen wie ein Arzt behandeln und ihnen wehtun, oder wie ein Koch, der schmackhafte Speisen bereitet?

67. In Wirklichkeit weiß der Politiker sehr wohl um die despotische Macht des Volkes.[63] Doch nicht als Sklave versteht er sich, sondern als freier Mann, der sich nur an das hält, was ihn selbst befriedigt. Darum gibt er ohne Umschweife zur Antwort:

„Dem Volk schmeicheln – das habe ich weder gelernt noch bemühe ich mich darum, es zu tun. Als Vorsteher und Fürsorger des Staates werde ich handeln wie ein guter Vormund, wie ein wohlwollender Vater[64] – redlich, lauter und ohne die mir verhasste Heuchelei. 68. Mit dieser Einstellung werde ich meines Amtes walten. Ich habe keine heuchlerischen Hintergedanken, die ich verberge wie ein Dieb, sondern mein gutes Gewissen soll sichtbar sein wie das Licht der Sonne. Die Wahrheit ist Licht. Ich fürchte mich vor keiner Macht, die sich gegen mich erheben könnte, auch wenn sie mit dem Tode droht. Heuchelei gilt mir als das schlimmste Übel, schlimmer als der Tod – 69. warum sollte ich mich darauf einlassen?

Das Volk mag ein Despot sein, doch ich bin kein Sklave, sondern, wenn ich schon etwas sagen soll, ein Wohlgeborener, der in die Bürgerliste des größten und besten Staatswesens aufgenommen werden will, das der ganzen Welt.[65] 70. Wenn Bestechungsgeschenke, Drohungen,[66] Verlangen nach Ehre,[67] Streben nach Macht, Angeberei, Ruhmsucht, Zügellosigkeit, Feigheit, Ungerechtigkeit und anderes, das auf Leidenschaft und Bosheit beruht, nicht die Herrschaft über mich gewinnen können, wessen despotische Herrschaft habe ich dann noch zu fürchten? 71. Etwa die von Menschen? Diese können höchstens Macht über meinen Leib gewinnen, nicht aber Macht

---

63 Die Herrschaft der Volksmenge galt den antiken Staatstheoretikern als entartete Demokratie: „Nicht als Demokratie gelten darf ein Staat, in dem eine beliebige Masse Herr ist und tut, was ihr beliebt." (Polybius, *Geschichte* VI 4,4) Vgl. auch Cicero, *De re publica* I 69.

64 „Zwischen einem guten Fürsten und einem guten Vater besteht kein Unterschied, denn Väter sorgen für ihre Kinder, so dass es diesen an nichts mangelt." (Xenophon, *Kyrupädie* VIII 1,1)

65 Der Redner will „Kosmopolit", Weltbürger, sein. Das Wort fällt hier nicht, wird jedoch von Philo mehrfach gebraucht, vgl. Philo, *De confusione linguarum/Über die Verwirrung der Sprachen* 106 u. ö.

66 Für *paraklēseis* „Drohungen" vgl. Philo, *De vita Mosis* I 44.

67 Vgl. Abschnitt 35.

über mich selbst.[68] Eine stärkere Kraft betreibt die Staatsgeschäfte –
die in mir wohnende Vernunft. Ich bin entschlossen, ihr gemäß zu
leben. Auf den sterblichen Leib achte ich wenig. Er hat die Gestalt
einer Muschel: Äußerlich kann er misshandelt werden, doch das
Innere bleibt von der Herrschaft bösartiger Despoten und häuslicher
Tyranninnen[69] unberührt. So entkomme ich der heftigsten Bedräng-
nis und werde niemals entmutigt.

72. Wenn Recht zu sprechen ist, werde ich Recht sprechen.[70]
Den Reichen werde ich nicht wegen seines Reichtums, den Armen
nicht aus Mitleid mit seinem Unglück bevorzugen. Auf Ansehen
und gesellschaftliche Stellung werde ich nicht achten. Ohne Hinter-
list werde ich gemäß dem entscheiden, was sich als gerecht heraus-
stellt. 73. Im Rat werde ich auch dann Vorschläge machen, die allen
nützen, wenn sie keinen Anklang finden.[71] Auf Volksversammlun-
gen überlasse ich anderen das schmeichlerische Reden. Mein Wort
soll retten und nützen. Ich werde tadeln, ermahnen und nüchtern
und freimütig zur Besonnenheit rufen, ohne mir unsinnige Anma-
ßung zu erlauben. 74. Wer an Ermahnungen zur Besserung keinen
Gefallen findet, der müsste auch Eltern, Vormünder, Lehrer und alle
Vorgesetzten dafür tadeln, dass sie ihre leiblichen Kinder, Waisen
oder Schüler schelten und mitunter auch schlagen – nicht, um sie
zu beschimpfen und zu misshandeln, sondern aus Liebe und Zuneigung. 75. Und was das Gemeinwohl angeht: Für mich als Politiker,
dem alle Angelegenheiten des Volkes anvertraut sind, wäre es unwür-

---

68 Ein in antiker Literatur oft belegter Gedanke, vgl. Mt 10,28; 4. Makk 13,14.

69 Angespielt wird auf den griechischen Haushalt, in dem die Frau das Kom-
    mando führt, während der Mann außerhäuslichen Geschäften nachgeht
    (Xenophon, *Oeconomicus* VII 22).

70 Die Ausübung des Richteramts gehört zu den wichtigsten Aufgaben des
    politisch tätigen athenischen Bürgers. Zwei weitere wichtige Aufgaben –
    Tätigkeit als Ratsherr und Besuch der Volksversammlung – werden im Ab-
    schnitt 73 genannt. Philos „Politiker" ist politisch tätiger Bürger, nicht Staats-
    mann in hohem Amt. Vgl. dazu die Einleitung.

71 Dazu gibt es einen bekannten Fall aus der Geschichte Athens: Im Jahr
    406 v. Chr. stellte sich Sokrates, damals Mitglied des Rates der Stadt, als
    einziger gegen den gesetzeswidrigen Beschluss der Volksversammlung, meh-
    rere Generäle zum Tod zu verurteilen; trotzdem kam es zur Hinrichtung;
    vgl. Xenophon, *Memorabilia* I 1,18; Plato, *Apologie* 32b/c.

dig, in diesem Punkt schlechter zu handeln als jemand, der die ärztliche Kunst praktiziert. Der Arzt achtet nicht auf die hohe Stellung des Patienten und die damit verbundenen Vorteile. 76. Dessen gute Herkunft, dessen Besitz, dessen Stellung als derzeit berühmtester König oder Tyrann sind ihm gleichgültig. Er hat nur eines im Sinn: ihn nach Kräften zu heilen, wenn es sein muss durch Schneiden und Brennen, so dass ein Untertan, einer, der den Namen ‚Sklave‘ trägt, den Herrscher und Despoten sogar schneidet und brennt. 77. Was muss ich also tun, der ich nicht nur einen Einzelnen, sondern einen ganzen Staat als Patienten habe, der an schlimmen Krankheiten leidet, an Begierden, die ihm angeboren sind? Soll ich missachten, was allen förderlich ist, um wie ein Sklave mal den einen, mal den anderen mit Schmeicheleien zu verwöhnen, die eines freien Mannes unwürdig sind? Eher sterbe ich, als dass ich schmeichlerische Worte sage[72] und das wirklich Nützliche verschweige – 78. wie der Dichter sagt:

> Bring doch das Feuer, und bringe das Menschen verzehrende Schwert![73]
> Mit Feuer verbrenne mein ärmliches Fleisch und trinke mein Blut,
> und sättige dich! Ja, eher werden die Sterne hinab
> zur Erde fallen, und eher wird zum Äther hinauf
> die Erde steigen, als Schmeichelrede du von mir hörst![74]

79. Einen Politiker von mannhafter Gesinnung, frei von Wollust, Furcht, Trauer und Begierde – einen solchen Mann kann die Volksmenge, die sein Herr ist, nicht gebrauchen. Sie hält ihn für einen Gegner, sie züchtigt ihn – ihn, der ihr wohlgesinnt und ihr Freund ist. Doch indem sie das tut, bestraft sie sich selbst mit der schlimmsten Strafe: der Unbildung. Wer sich der Herrschaft nicht unterwirft,

---

72 Auch Sokrates ist bereit, wegen Unfähigkeit zu schmeichlerischer Rede zu sterben (Plato, *Gorgias* 522d–e).

73 Euripides, *Phoenissae/Die Phönizierinnen* 521.

74 Die nur bei Philo überlieferten Zeilen gelten als Zitat aus einem verlorenen Schauspiel des Euripides (Fragment 687). Solche aus zwei oder mehr Quellen zusammengefügte Zitate finden sich oft in antiker Literatur, z. B. bei Paulus (Röm 3,10–18) und im Markusevangelium (1,2–3).

erwirbt auch nicht das schönste und nützlichste Bildungsgut im Leben – die Fähigkeit, selbst zu befehlen."[75]

80. Über dieses Thema ist nun genug gesagt. Hören wir also, wie die Geschichte weitergeht!

Der Gefängniswärter

Der junge Mann wurde also von der liebestollen Frau bei seinem Herrn verleumdet (Gen 39,17–18). Ihre Anschuldigungen waren erdichtet; das Vergehen, das sie vorbrachte, hatte sie in Wirklichkeit selbst begangen. Er wurde ins Gefängnis abgeführt, ohne dass man ihm die Möglichkeit zur Gegenrede gab. Im Gefängnis aber bewies er so große Tugend, dass auch die größten Verbrecher unter den Gefangenen ihn bewunderten und bei ihm Schutz und Trost in ihrem Unglück suchten. 81. Wie jeder weiß, sind Gefängniswärter gewöhnlich rohe und hartherzige Menschen. Schon von Natur aus sind sie gefühllos, und durch Gewohnheit nimmt ihre Härte jeden Tag zu, da sie niemals auch nur zufällig etwas Gutes sehen, reden oder tun, sondern immer nur dem Allerschlechtesten und der schlimmsten Gewalttat ausgesetzt sind. 82. Wer über einen gut gebauten Körper verfügt und Sport treibt, gewinnt außerordentliche Kraft und strotzt vor Gesundheit.[76] In gleicher Weise wird ein roher und hartherziger Mensch durch Übung in der Grausamkeit völlig unzugänglich für jene edle und menschenfreundliche Regung, das Mitleid. 83. Wer mit guten Menschen Umgang hat und sich dessen erfreut, verbessert seinen Charakter, und in gleicher Weise nimmt, wer mit schlechten Menschen zusammenlebt, etwas von deren Schlechtigkeit an. Dem Umgang kommt die Macht zu, einen Menschen an die Natur des

---

75 Ein ähnlicher Gedanke findet sich bei Cicero (*De legibus/Über die Gesetze* III 2): „Wer bescheiden gehorcht, scheint würdig zu sein, einmal selbst zu regieren."

76 Sportliche Ertüchtigung des Körpers bildet einen wichtigen Bestandteil der antiken Erziehung. Hellenisierte Juden wie Philo (*De specialibus legibus/ Über die besonderen Gesetze* II 230) und wohl auch Paulus (1. Kor 9,24–27) schätzten den Sport, den sie zweifellos auch selbst praktizierten, zumindest in ihrer Jugend.

anderen anzugleichen.[77] 84. Gefängniswärter leben in Gemeinschaft mit Dieben, Räubern, Einbrechern, Frevlern, Gewalttätigen, Verführern, Mördern, Ehebrechern und Tempelräubern: Von allen diesen nehmen sie etwas an und bilden aus diesem bunten Gemenge eine Mischung von jeglicher Bosheit und Verruchtheit.

85. Gleichwohl wurde ein solcher Gefängniswärter von der Vortrefflichkeit des jungen Mannes so beeindruckt, dass er ihn nicht nur in Ruhe ließ,[78] sondern ihm auch die Aufsicht über alle Gefangenen übertrug. Er selbst blieb nur dem Namen nach der eigentliche Gefängniswärter. Den tatsächlichen Dienst leistete der junge Mann, zum erheblichen Vorteil der Häftlinge. 86. Aus ihrer Sicht verdiente der Ort nicht mehr den Namen „Gefängnis", sondern „Schulungsstätte".[79] An die Stelle der körperlichen Strafen, denen sie Tag und Nacht in Gestalt von Schlägen, Fesselung und allerlei Misshandlungen ausgesetzt waren, trat nun Zurechtweisung durch philosophische Belehrung und durch das vorbildliche Verhalten ihres Lehrers, dem noch größere Wirkung als alles Reden zukam. 87. Indem ihnen der junge Mann sein eigenes sittsames und tugendhaftes Leben wie ein gut gemaltes Bild vor Augen stellte, führte er selbst solche Menschen auf den rechten Weg zurück, die unverbesserlich schienen. Als ihre langwierigen seelischen Krankheiten abklangen, begannen sie, ihre früheren Vergehen zu verwünschen und zu bereuen, indem sie Worte wie diese ausriefen: „Wo war denn damals ein solches glückliches Vorbild, dass es uns völlig entging? Jetzt zeigt es sich, und wir erblicken unser schlechtes Betragen wie in einem Spiegel und sind beschämt."

---

77 Xenophon (*Memorabilia* I 2,20) zitiert dazu ein Dichterwort: „Treffliches wirst du von Trefflichen lernen; doch wenn du mit Schlechten Umgang hast, verlierst du deinen rechtschaffenen Sinn." Die Lehre vom guten und schlechten Umgang und dessen Folgen ist auch der Bibel bekannt (Spr 13,20; 1. Kor 15,33).

78 D. h., ihn nicht schlecht behandelte.

79 Wort *(sōphronistērion)* und Gedanke sind aus Plato (*Nomoi* 908 a) entlehnt. Der biblische Josef wird als Reformer dargestellt, der die Haftanstalt in eine moralische Schulungsstätte verwandelt.

Der Traum des Mundschenks

88. In jener Zeit, als sich alle besserten, kamen zwei Eunuchen des Königs ins Gefängnis, der Mundschenk und der Bäcker, wegen Amtsvergehen angeklagt und verurteilt (Gen 40,1–3). Auch ihnen galt dieselbe Fürsorge des jungen Mannes, mit der er sich um die anderen kümmerte, in der Absicht, seine Untergebenen, soweit es in seinen Kräften stand, so zu bessern, dass sie Unbescholtenen glichen. 89. Als er wenig später bei den Häftlingen die Runde machte, fand er die Eunuchen unruhiger und betrübter als sonst. In der Annahme, die Betrübnis müsse einen besonderen Vorfall zum Grund haben, fragte er danach. 90. „Unsere Träume sind es", antworteten sie, „die uns verzagt machen und Angst einjagen." Und keiner sei da, der sie ihnen deuten könne. „Seid guten Mutes und erzählt sie mir," sagte er. „So Gott will, wird sich die Bedeutung finden, will er doch das Verborgene denen kundtun, die nach Wahrheit verlangen." 91. Da ergriff der Mundschenk als erster das Wort und sprach: „Im Traum sah ich einen großen Weinstock. Aus drei Wurzeln wuchs er hervor und bildete einen wohlgeformten Stamm. Er blühte und trug Trauben wie zur Zeit der Reife. Die Beeren färbten sich dunkel. Ich pflückte sie und presste sie aus in den Becher des Königs. Den vollen Becher reichte ich dem König." 92. Nach kurzer Pause entgegnete der junge Mann: „Glück ist es, was dir der Traum anzeigt. Du wirst dein Amt zurückerlangen. Die drei Wurzeln sind nichts anderes als drei Tage. Sind sie abgelaufen, wird sich der König deiner erinnern, dich holen lassen, dir Amnestie gewähren und dich wieder in dein Amt einsetzen. Im Amt bestätigt, wirst du den Wein einschenken und dem König den Becher reichen." Mit großer Freude vernahm er diese Kunde.

Der Traum des Bäckers

93. Auch der Bäcker nahm die Deutung erfreut auf (Gen 40,16). Geblendet durch die guten Aussichten seines Gefährten und im trügerischen Glauben, auch sein Traum verheiße ihm Glück, ergriff er das Wort: „Auch ich hatte einen Traum. Körbe trug ich auf dem Kopf, drei an der Zahl, jeder mit Backwerk gefüllt. Der oberste war voll von den verschiedenen Sorten, die der König zu verspeisen

pflegt, ist doch das Gebäck, das man für die königliche Tafel backt, von großer Vielfalt. Dann aber kamen Vögel herabgeflogen, rissen es mir vom Kopf und fraßen alles gierig auf, so dass nichts übrigblieb." 94. „Ach, hättest du doch keinen Traum gehabt! Oder ihn verschwiegen, oder, wenn schon erzählt, dann wenigstens in meiner Abwesenheit, so dass ich es nicht höre! Wie jedermann hasse auch ich es, eine schlechte Nachricht zu überbringen. Auch teile ich den Schmerz der Unglücklichen, und als Menschenfreund leide ich nicht weniger als die vom Unglück Getroffenen. 95. Doch Traumdeuter müssen die Wahrheit sagen, sind sie doch prophetische Verkünder göttlicher Aussprüche. Daher werde ich reden und nichts verheimlichen. Die Wahrheit sagen ist immer das beste, bei Gottessprüchen erst recht. 96. Die drei Körbe bedeuten drei Tage. Noch drei Tage, dann wird der König befehlen, dich zu pfählen[80] und zu enthaupten. Herabfliegende Vögel werden dein Fleisch fressen, bis nichts mehr übrig ist." 97. Bestürzt, niedergeschlagen und in Angst vor den künftigen Qualen, wartete der Bäcker auf den ihm genannten Tag. Als die drei Tage verstrichen waren, wurde der Geburtstag des Königs gefeiert. Im ganzen Land, besonders aber am Königshof, versammelte man sich zum Fest. 98. Als die hohen Beamten bewirtet wurden und auch die Dienerschaft wie bei einem Volksfest Speise erhielt, da erinnerte sich der König der Eunuchen im Gefängnis und befahl, sie ihm vorzuführen. Er musterte sie, bestätigte die Deutung der Träume und befahl, den einen zu köpfen und zu pfählen, dem anderen aber das Amt zurückzugeben, das er innegehabt hatte.

99. Der begnadigte Mundschenk aber dachte nicht mehr an den jungen Mann, der ihm die Begnadigung vorausgesagt und zuvor schon sein unglückliches Los erleichtert hatte, zweifellos weil jeder undankbare Mensch die Erinnerung an seine Wohltäter verliert; aber auch durch göttlichen Ratschluss, weil Gott es vorzog, dem jungen Mann seine Gnade unmittelbar und nicht durch einen Menschen zu erweisen.

---

80 Der lebende Körper wird auf einem aufrecht stehenden spitzen Pfahl aufgespießt – eine besonders grausame Art der Hinrichtung.

Der Traum des Königs

100. Zwei Jahre vergingen. Dann offenbarte Gott dem König das Glück und das Unglück, das über sein Land kommen werde (Gen 41,1–7). Er hatte zwei Traumgesichte, und jedes bedeutete dasselbe, um die Sache zu bekräftigen. 101. Der König sah, wie sieben schöne, wohlgenährte Kühe dem Fluss entstiegen und am Ufer weideten. Nach ihnen kamen sieben weitere. Mager und ausgezehrt, weideten sie mit den ersten. Mit einem Mal verschlangen die mageren die fetten Tiere, und dennoch blieben sie mager wie zuvor, wenn sie nicht noch magerer wurden. 102. Der König erwachte, schlief nochmals ein, und hatte ein zweites Traumgesicht. Sieben Weizenähren entsprossen einem einzigen Halm, von gleicher Größe und gleicher Pracht, und richteten sich in die Höhe. Dann wuchsen in der Nähe sieben andere, magere und dürre Ähren empor. Die dürren Ähren aber drangen auf den prächtigen Halm ein und verschlangen ihn. 103. Das letztere Bild vor Augen, verbrachte der König den Rest der Nacht ohne Schlaf, denn quälende Sorgen beunruhigten ihn.

Am frühen Morgen ließ er die Weisen kommen und erzählte ihnen den Traum. 104. Doch keiner wusste eine treffende, der Wahrheit entsprechende Deutung. Da trat der Mundschenk hervor und ergriff das Wort: „Mein Herr, der Mann, den du suchst, lässt sich, wie ich hoffe, finden. Als du nämlich den Bäcker und mich zur Strafe für ein Vergehen ins Gefängnis warfst, befand sich dort ein Hebräer, der Diener des Kochs. Ihm haben wir unsere Träume erzählt. Treffend und richtig hat er sie gedeutet, denn was er uns beiden voraussagte, das trat für jeden von uns ein: beim Bäcker die Strafe, die er erlitt, und bei mir dein Mitleid und deine Gnade." 105. Kaum waren diese Worte gesprochen, da ließ der König den jungen Mann herbeirufen. Weil sein Haupt- und Barthaar lang gewachsen war, scherte man ihn.[81] Auch gab man ihm ein schönes Gewand anstelle des verschlissenen, das er trug. Als er zurecht gemacht war, wurde er zum König geführt. 106. Schon an seinem Äußeren erkannte dieser, wen er vor sich hatte: einen freien Mann von edler Abkunft. Etwas vom Cha-

---

81 Zur ägyptischen Hygiene gehörte die Entfernung des gesamten Haupt- und Barthaars.

rakter eines Menschen haftet an dessen Körper und offenbart sich zwar nicht jedem, wohl aber dem, der über einen scharfen Verstand verfügt. Der König sprach: „Nach meinem Gefühl werden meine Träume nicht mehr lange im Zwielicht der Ungewissheit bleiben, denn der junge Mann macht den Eindruck eines Weisen. Er wird die Wahrheit finden. Wie das Licht das Dunkel vertreibt, wird seine Erkenntnis das Unwissen unserer Weisen vertreiben." Also erzählte er ihm seinen Traum.

107. Vom hohen Rang des Sprechers blieb der junge Mann unbeeindruckt. Als er selbst das Wort ergriff, klang das nicht wie wenn ein Untergebener zu einem König spricht; vielmehr sprach er mit ehrfürchtiger Freimut, als würde sich ein König an einen Untergebenen wenden.[82] Er sagte: „Gott hat dir angekündigt, was er mit diesem Land vorhat. Glaube nicht, es handle sich bei den zwei Traumgesichten um zwei verschiedene Träume; sie bilden einen einzigen Traum. Die Wiederholung ist nicht überflüssig, sondern bekräftigt die Sache. 108. Die sieben fetten Kühe und die fruchtbaren, gut gedeihenden sieben Ähren bedeuten sieben Jahre der Fruchtbarkeit und des Wohlstands. Dann kommen sieben Jahre des Hungers; sie werden durch die nachfolgenden, mageren und schlecht aussehenden Kühe sowie die sieben leeren und verdorbenen Ähren angezeigt. 109. Zuerst kommt eine Zeit von großer Fruchtbarkeit, sieben Jahre lang: Die

---

82 Freimut (parrhēsia) in der Rede auch Königen gegenüber gilt als Kennzeichen der kynischen Philosophen. Darüber teilt Philo folgende Anekdote mit (Quod omnis probus liber sit/Über die Freiheit des Rechtschaffenen 125–126): „Ein gewisser Chaireas, ein gebildeter Mann, ein eifriger Anhänger von Diogenes' Neigung zu freimütiger Rede, lebte in Alexandria in Ägypten. Als einmal (König) Ptolemäus ihn im Zorn bedrohte, erachtete er die in seiner eigenen Natur gründende Freiheit als keineswegs geringer als dessen Königswürde, so dass er erwiderte: ‚Sei du Herr über die Ägypter! Ich nehme keine Rücksicht auf dich. Auch scheue ich den Groll nicht.' Seelen edler Abkunft besitzen nämlich etwas Königliches … Das treibt sie an, selbst mit Menschen von hohem Rang auf Augenhöhe zu streiten, denn das Königliche begegnet der Prahlerei durch freimütige Rede." Zum Thema Freimut äußert sich Philo oft; er zählt den Mut, sich gegenüber Höherstehenden freimütig zu äußern, zu den bewundernswerten Tugenden (Quis rerum divinatum heres/Wer ist der Erbe der göttlichen Dinge? 6). Siehe auch Abschnitt 222.

Fluten des Flusses[83] werden alle Fluren überschwemmen, und die Felder werden reichen Ertrag geben wie nie zuvor; dann aber kommt eine Zeit schwerster Not mit Mangel an allem, wessen wir bedürfen, sieben Jahre lang. Der Fluss wird nicht über die Ufer treten und das Land nicht befruchten. Der frühere Wohlstand ist vorbei, und was von den Vorräten noch geblieben ist, wird bald ganz aufgezehrt sein.

110. Soweit die Deutung! Doch im Innern lehrt mich mein Gott[84] auch das Heilmittel, wie bei einer Krankheit. Die schlimmste Krankheit der Städte und ihres Umlands[85] ist nämlich die Hungersnot; sie gilt es zu begrenzen, damit sie nicht überhandnimmt und die Bewohner verschlingt. 111. Doch wie können wir sie begrenzen? In den sieben Jahren der Fülle soll das Volk von der Ernte das nehmen, was es benötigt; der Rest – etwa ein Fünftel – ist in den Städten und Dörfern aufzubewahren, und zwar dort, wo geerntet wurde. Nichts darf weit weggeführt werden, denn, vor Ort als Vorrat aufbewahrt, soll es zur Beruhigung dienen. 112. Vom Getreide sollen die ganzen Garben, ohne Dreschen und ohne Säuberung, aufbewahrt werden, und zwar aus vier Gründen. Erstens halten die Hülsen das Getreide länger frisch und unverdorben. Zweitens soll man sich jedes Jahr beim Dreschen und Worfeln an die guten Jahre erinnern, denn die Erinnerung an wahrhaft Gutes stiftet ein zweites Vergnügen. 113. Drittens lässt sich der Ertrag nicht genau beziffern, da die Menge des Korns in den Ähren und Garben unbestimmt bleibt. Auf diese Weise verlieren die Bewohner nicht von vornherein den Mut, wenn sie etwa mitansehen müssten, wie der ihnen bekannte Vorrat zur Neige geht. Vielmehr bleiben sie guten Muts – eine Nahrung, die mehr ist als Brot und ihnen hilft, die schlimme Krankheit der Hungersnot zu überstehen. Im schlimmsten Unglück ist Hoffnung

---

83 Gemeint ist der Nil, der auch in der biblischen Josefserzählung nicht mit Namen genannt wird.

84 Wörtlich „das Göttliche" *(to theion)*. Zugrunde liegt der Gedanke an eine innere göttliche Stimme, die Sokrates auf seinen persönlichen Schutzgeist *(theion* oder *daimonion)* zurückführte; vgl. Plato, *Apologie* 31 c/d; Xenophon, *Memorabilia* I 1,2.

85 *Polis kai chōrion,* „Stadt und Umland" definiert den Territorialstaat und umschreibt die griechische Staatsauffassung. Für Philo *(In Flaccum/Gegen Flaccus* 2) ist Ägypten „Alexandria und das Umland der Stadt". Vgl. Anmerkung 17.

die beste Nahrung. Und viertens wird auf diese Weise Futter für das Vieh gewonnen, denn bei der Säuberung fallen Häcksel und Kleie an. 114. Wichtig ist nun, für diese Aufgabe einen Verantwortlichen zu finden. Er muss überaus sachverständig, gewissenhaft und erfahren sein, fähig, die genannten Vorkehrungen zu treffen, ohne dass die Menge etwas von der drohenden Hungersnot erfährt. Schon vorher einsetzende seelische Qualen und Mutlosigkeit wären ja schädlich. 115. Wenn sich aber jemand nach dem Zweck solcher Maßnahmen erkundigt, soll man ihm antworten: Im Frieden wappnet man sich für den Krieg, und im Reichtum für die Not. Krieg und Hungersnot lassen sich ebenso wenig voraussehen wie jedes andere Missgeschick, daher muss man stets vorbereitet sein. Ist die Not da, kann man nicht beginnen, auf Abhilfe zu sinnen – dann ist es zu spät."

116. Als der König die treffende, wohlbegründete Deutung seines Traumes vernommen sowie den nützlichen Rat über die Vorkehrungen für eine ungewisse Zukunft gehört hatte, winkte er seine Vertrauten zu sich heran. Ohne dass es der junge Mann hören konnte, sagte er zu ihnen: „Männer, können wir einen zweiten Menschen finden wie diesen, der den Geist Gottes in sich trägt?" 117. Kaum hatte er ihre Zustimmung und ihren Beifall vernommen, da richtete sich sein Blick wieder auf den jungen Mann, der vor ihm stand, und er sagte: „Da ist er doch, er, den du mir zu suchen rätst. Wir müssen nicht lange nach ihm suchen, nach dem klugen und erfahrenen Mann, von dem du sprichst. Du selbst bist dieser Mann! Wie mir scheint, hast du nicht ohne göttlichen Beistand gesprochen. Wohlan, so übernimm denn die Verwaltung meines eigenen Hauses und stehe ganz Ägypten vor! 118. Keiner soll mich des Leichtsinns und des Eigennutzes zeihen, jenes unausrottbaren Lasters. Großes Talent macht sich rasch bemerkbar, und ihr Übermaß an Fähigkeiten verlangt unverzügliche Anerkennung.[86] Auch die Umstände lassen kein Zögern, kein Säumen mehr zu. Wir müssen die notwendigen Maßnahmen treffen."

---

86 Pharao anerkennt Josefs königliches Herrschaftstalent, das sich in Traumdeutung und Rat offenbarte. Nach Plato (*Politikos* 292e) ist ein Mensch dann königlich *(basilikos),* wenn er die königliche Kunst beherrscht, gleichgültig, ob er sie faktisch ausübt oder nicht.

119. So machte er den jungen Mann zu seinem Stellvertreter[87] im Staat, oder vielmehr, um die Wahrheit zu sagen, er machte ihn zum König. Obwohl er den Titel des Herrschers für sich behielt, überließ er ihm die Regierungsgeschäfte.[88] Nichts unterließ er, um den jungen Mann zu ehren. 120. Er vertraute ihm das königliche Siegel an, hüllte ihn in ein herrliches Gewand und legte ihm einen goldenen Kragen um den Hals. Er durfte den zweiten Wagen besteigen und durch die Stadt fahren, während ein Herold vorauseilte, um allen, die es noch nicht wussten, die Kunde von seiner Einsetzung mitzuteilen. 121. Auch verlieh er ihm einen neuen Namen, der sich in der Sprache des Landes auf seine Fähigkeit als Traumdeuter bezieht.[89] Zuletzt erhielt er noch die edelste Ägypterin zur Frau – die Tochter des Sonnenpriesters.[90] Als dies geschah, war der junge Mann etwa dreißig Jahre alt. 122. So ergeht es den Frommen: Mögen sie auch einmal niedergezwungen werden, sie bleiben nicht am Boden. Sie erheben sich, um fortan fest und sicher zu stehen, ohne die Gefahr eines weiteren Sturzes. 123. Wer hätte das erwartet: Derselbe Mann am selben Tag – er wird vom Sklaven zum Herrn, vom Häftling zum Höchstgeehrten, vom Diener des Gefängniswärters zum Statthalter des Königs! Er tauscht das Gefängnis gegen den Palast, die größte Schande gegen die höchste Ehre! 124. So ist es geschehen, und solches wird noch oft geschehen, wenn es Gott gefällt. Nur muss in der Seele ein Funke des Adels glimmen, der, einmal entfacht, auflodern wird.

---

87 Drei Titel verwendet Philo für Josef: Stellvertreter (*diadochos,* Abschnitte 119, 166), Statthalter (*hyparchos,* Abschnitt 123 u. ö.) des Königs und Vorsteher des Landes (*epitropos,* Abschnitt 178 u. ö.).

88 Modern gesprochen: Der König „herrscht", aber er regiert nicht; die Regierungsgeschäfte werden Josef überlassen.

89 Dem ägyptischen Namen des Helden – Zafenat-Paneach (Gen 41,45) – werden die Bedeutungen „Entdecker verborgener Dinge" (Josephus, *Jüdische Altertümer* II 91) und „der Mann, dem Geheimnisse geoffenbart werden" (im Targum, der aramäischen Bibelübersetzung) beigelegt.

90 Josefs ägyptische Gemahlin heißt Asenat (Gen 41,45). Philo äußert keine Kritik an Josefs Mischehe mit einer Ägypterin, obwohl er andernorts rät, keine Mischehe einzugehen, weil sie den Juden zur Vernachlässigung seiner religiösen Pflichten verleiten könnte (Philo, *De specialibus legibus* III 29).

Abschließende Lehren über den Politiker
(Dritter philosophischer Exkurs)

125. Da es angemessen ist, neben der wörtlichen Wiedergabe der Erzählung auch deren tieferen Sinn anzugeben, soll auch darüber wiederum das Nötige gesagt werden.

Manche, die unüberlegt urteilen, werden vielleicht lachen, wenn sie hören, was ich sage. Ich behaupte nämlich im Ernst und lasse mich nicht davon abbringen, der Politiker sei tatsächlich ein Traumdeuter. Das soll nicht heißen er sei ein Possenreißer und einer, der für Geld kluge Reden hält und die Traumdeutung als Gelegenheit benutzt, Geld zu scheffeln. Seine Aufgabe ist, den allgemeinen, öffentlichen, großen Traum nicht nur derer, die schlafen, sondern aller, die wach sind, sorgfältig zu untersuchen.[91] 126. In Wirklichkeit ist dieser Traum nichts anderes als das menschliche Leben. Wenn uns etwas im Schlaf erscheint, dann sehen wir und sehen doch nicht, hören wir und hören doch nicht, kosten und tasten wir und kosten und tasten doch nicht, sprechen wir und sprechen doch nicht, gehen wir umher und gehen doch nicht umher. Wir meinen, allerlei Veränderungen und Zustände zu erleben, doch wir erleben gar nichts. Das alles sind leere Vorstellungen der Seele, die sich ohne triftigen Grund Nichtseiendes als seiend vorstellt und ausmalt. So ist es auch im wachen Zustand: Unsere Vorstellungen gleichen Träumen, die kommen und gehen, erscheinen und entschwinden – und verflogen sind, ehe man sie sicher erfasst.

127. Betrachte nur jeder sich selbst, und er wird den Beweis allein finden, ohne Rücksicht auf mein Argument, und das um so besser, je älter er ist: Dieser eine da war einmal Säugling, dann Kind, dann Ephebe, dann Jüngling, dann junger Mann, dann Mann, zuletzt

---

91 Die folgenden Abschnitte (126–144) scheinen ganz oder großenteils einer von Philo benutzten Quelle zu entstammen. Ihre Lehre – alles ist dem Wandel unterworfen und deshalb nichts sicher zu erkennen – entspricht der Philosophie der Skeptiker. Philo benutzt den Text, um zu argumentieren: In die Unsicherheit des Lebens kann nur der Politiker Stabilität und Sicherheit bringen.

Greis.[92] 128. Doch wo sind diese Altersstufen jetzt? Der Säugling verschwand im Kind, das Kind im Epheben, der Ephebe im Jüngling, der Jüngling im jungen Mann, der junge Mann im Mann, und der Mann im Greis, und auf das Greisenalter folgt das Ende. 129. Jedes Lebensalter stirbt und überlässt dem nachfolgenden die Herrschaft. Darin steckt eine ohne Worte vorgebrachte Lehre der Natur: Wir brauchen den letzten Tod nicht zu fürchten, da wir die früheren Tode mit Leichtigkeit ertragen haben – den Tod des Säuglings, den des Kindes, den des Epheben, den des Jünglings, den des jungen Mannes und den des Mannes. Naht das Greisenalter, ist von diesen Lebensaltern keines mehr vorhanden.

130. Ist nicht alles, was unseren Leib betrifft, nichts anderes als ein Traum? Ist nicht Schönheit vergänglich? Kaum hat sie ihre Blüte erreicht, verbleicht sie schon. Und ist nicht auch die Gesundheit zerbrechlich, gefährdet wie sie ist durch Krankheiten, die ihr auflauern? Desgleichen die Kraft, die tausendmal durch Krankheiten geschwächt wird? Auch ist die Wahrnehmung unserer Sinne nicht beständig, denn schon die geringste Unpässlichkeit kann sie stören.

131. Und wer kennt nicht die Unbeständigkeit der äußeren Güter? Oftmals sind die größten Reichtümer an einem einzigen Tag verschwunden. Zahllose Menschen, die es zu höchster Ehre gebracht haben, mussten wieder das Los der bedeutungslosen und verachte-

---

92 Die Einteilung des Lebens in sieben Stufen geht auf Hippokrates zurück; ausführlich referiert bei Philo, *De opificio mundi* 105. Zu diesem Abschnitt vgl. Plutarch, *De E apud Delphos/Das Epsilon in Delphi* 18, 392 a/b: „Daher gelangt auch ihr (der Menschen) Werden gar nicht zum Sein, weil das Entstehen niemals aufhört noch zum Stehen kommt, sondern aus dem Samen unter ständigem Wandel den Embryo schafft, dann den Säugling, dann das Kind, anschließend den Knaben, den Jüngling, dann den Erwachsenen, den Alten, den Greis, wobei die ersten Entwicklungen und Lebensalter stets durch die folgenden vernichtet werden. Aber wir fürchten lächerlicherweise den einen Tod, nachdem wir schon so viele gestorben sind und täglich sterben. Denn nicht nur ist, wie Heraklit sagt, ‚Feuers Tod der Luft Geburt und der Luft Tod des Wassers Geburt', sondern noch augenfälliger geht in uns selbst der reife Mann zugrunde, wenn der Greis entsteht, ist der Jüngling in den reifen Mann aufgegangen, der Knabe in den Jüngling, in den Knaben der Säugling; der Gestrige ist in den Heutigen gestorben, der Heutige stirbt in den Morgigen."

ten Menschen teilen. Ein kleiner Stoß, und schon ist es mit der Herrschaft des mächtigsten Königs vorbei. 132. Eine Bestätigung meiner Worte bietet das Schicksal des Dionysius von Korinth: Zuerst war er Herrscher von Sizilien, dann, von seiner Herrschaft vertrieben, floh er nach Korinth. Dort wurde aus dem großen Herrscher ein einfacher Schulmeister.[93] 133. Weiter: Krösus, der König von Lydien, der reichste aller Könige! Statt das Reich der Perser zu erobern, wie er hoffte, verlor er das seine. Er wurde gefangen und sollte bei lebendigem Leibe verbrannt werden.[94]

134. Nicht nur das Schicksal einzelner Männer liefert den Beweis für vergängliche Träume, sondern auch das Schicksal von Staaten, Völkern, Provinzen, Hellas, den Länder der Barbaren, den Bewohnern des Festlandes und der Inseln, von Europa, Kleinasien, dem Westen, dem Osten. Nirgendwo bleibt etwas unveränderlich bestehen – überall Veränderung und Wandel. 135. Ägypten herrschte einst über viele Völker, jetzt aber ist es selbst geknechtet.[95] Die Makedonier waren einmal so mächtig, dass sie die gesamte bewohnte Welt erobern konnten,[96] und jetzt entrichten sie ihren Herren und deren Steuerpächtern den auferlegten jährlichen Tribut. 136. Wo blieb die Dynastie der Ptolemäer und der Glanz der Diadochen, der einst bis ans Ende der Länder und Meere erstrahlte?[97] Wo blieb die Freiheit der unabhängigen Völker und Staaten? Und wo die Knechtschaft der unterworfenen Völker? Haben nicht einst die Perser über

---

93 Dionysius II., Tyrann von Syrakus, gestürzt 344 v. Chr., ist eine historische Gestalt. „Als der Tyrann Dionysius aus Syrakus vertrieben wurde, unterrichtete er in Korinth Knaben; er konnte also nicht ganz auf die Herrschaft verzichten." (Cicero, *Tusculanae disputationes* III 12 (27))

94 Krösus wurde jedoch vom bereits brennenden Scheiterhaufen geholt (Herodot, *Historien* I 86 f.).

95 In den Tagen Philos war Ägypten römische Provinz.

96 Gemeint ist der Makedonier Alexander der Große. Seit 148 v. Chr. war Makedonien tributpflichtige römische Provinz.

97 Als Diadochen (Nachfolger) werden jene Dynastien genannt, die das Reich Alexanders des Großen unter sich aufteilten. Die Diadochen-Dynastie der Ptolemäer herrschte fast drei Jahrhunderte lang über Ägypten (323–30 v. Chr.). Die Diadochenreiche insgesamt bildeten in der Tat ein Weltreich, das es zu Lebzeiten Philos nicht mehr gab, denn nun waren die Römer die Herrscher.

die Parther geherrscht, und jetzt herrschen die Parther über die Perser? So wandelt sich das menschliche Geschick wie in einem Spiel, das den Spieler einmal gewinnen und dann wieder verlieren lässt.

137. Manche wähnen sich in unbegrenztem Glück – doch in Wirklichkeit bahnt sich das größte Unglück schon an. Sie eilen zur Inbesitznahme vermeintlicher Erbgüter und finden nur schlimme Verhältnisse vor. Und umgekehrt: Sie erwarten Schlimmes, doch alles wird gut. 138. Athleten, die mit ihrer Stärke, Kraft und Kondition prahlten und sich ihres Sieges sicher waren, sahen sich oft disqualifiziert und vom Wettkampf ausgeschlossen oder mussten eine Niederlage einstecken. Dagegen haben andere, die kaum auf den zweiten Rang hofften, den ersten Preis erlangt und den Siegeskranz davongetragen. 139. Reisende, die sich im Sommer, der besten Zeit für die Schifffahrt, aufs Meer begaben, haben Schiffbruch erlitten, während andere im Winter, wo es gefährlich ist, ohne Probleme ihr Ziel erreichten. Handelsleute, die sich eines großen Gewinnes sicher wähnen, ahnen nichts von den Verlusten, die auf sie zukommen; und wo dieselben Handelsleute meinen, Verlust hinnehmen zu müssen, mögen sie großen Gewinn erzielen.

140. Stets bleibt ungewiss, ob das Schicksal in die eine oder andere Richtung führt. Die menschlichen Dinge schwanken wie auf einer Waage und werden infolge des ungleichen Gewichts bald hinauf- und bald hinabgezogen. Alles ist in Ungewissheit und undurchdringliches Dunkel gehüllt. Wie im Tiefschlaf irren wir umher, ohne etwas durch klares Denken erfassen zu können, ohne etwas in den Griff zu bekommen, denn alles gleicht Schatten und Trugbildern. 141. Der Anfang eines Festaufzugs entfernt sich und entschwindet dem Blick. Der reißende Bach trägt die Fluten davon, kaum dass wir sie erblickt haben. So bietet sich auch das Leben dar: Die Ereignisse ziehen an uns vorüber und entfernen sich. Nur scheinbar haben sie Bestand, doch nichts bleibt auch nur einen Augenblick – alles zieht weiter. 142. Weder die Wachen noch die Schlafenden können das Unbeständige aufhalten. Beide glauben, die Natur der Dinge durch unfehlbare Schlussfolgerungen erfassen zu können, doch sie täuschen sich, weil ihre Wahrnehmung fehlgeht. Ihre Sinne sind bestochen durch das, was sie sehen, hören, schmecken und riechen. Wenn sich die Sinne den Dingen zuwenden, beherrschen die Sinne die ganze Seele und verhindern, dass diese sich erhebt und unbeirrt auf gebahntem

Wege voranschreitet. Die Sinne bringen in der Seele die Vorstellung von Gegensätzen hervor – auf und ab, groß und klein, alles, was mit Ungleichheit und Unregelmäßigkeit zusammenhängt. Unter solchen gewaltigen Eindrücken wird der Seele ganz schwindlig.

143. Weil das Leben voller Unruhe, Unordnung und Ungewissheit ist, muss der Politiker eingreifen. Wie ein Traumdeuter muss er die Tagträume und Trugbilder der angeblich wachen Menschen deuten. Aufgrund plausibler Vermutungen und Vernunftgründe belehrt er sie über alles. Er erklärt ihnen, ob etwas schön oder hässlich ist, gut oder böse, gerecht oder ungerecht und so weiter;[98] ob etwas klug, tapfer, fromm, heilig, nützlich, von Vorteil oder, im Gegenteil, von Nachteil, unsinnig, unwürdig, gottlos, frevlerisch, ungeeignet, schädlich oder eigennützig ist. 144. Und weiter:

Das ist fremdes Gut, du sollst es nicht begehren.

Das aber gehört dir, gebrauche es und treibe keinen Missbrauch damit.

Hast du Überfluss, dann teile mit anderen, denn nicht der Geldsack ist schön, sondern die Hilfeleistung für Bedürftige.

Hast du wenig, dann beneide nicht die Reichen, denn mit einem neidischen Armen hat keiner Mitleid.

Bist du angesehen und geachtet, dann prahle nicht damit.

Lebst du in einfachen Verhältnissen, dann lass den Mut nicht sinken.

Geht bei dir alles nach Wunsch, dann triff Vorsorge für den Umschwung deines Schicksals.

Begegnet dir oft Unglück, dann hoffe auf Glück, denn das Schicksal der Menschen wendet sich ins Gegenteil.

145. Die Eigenschaften von Mond, Sonne und Himmel sind klar und deutlich, denn dort bleibt alles immer gleich; die Regeln der Wahrheit sind ihr Maß, alles befindet es sich in harmonischer Ordnung und vollkommenen Einklang. Alles Irdische aber ist voller Unordnung und Unrast, nichts passt zusammen, nichts harmoniert. So lässt sich sagen: Während die irdischen Dinge von dichtem Dunkel umgeben sind, schwebt alles Himmlische in strahlendem Licht, oder vielmehr: Alles ist reines, lauteres Licht. 146. Will einer das

---

98 Philo formuliert hier im Anschluss an Plato, *Politikos* 295e.

Innerste der Dinge erforschen, so wird er Folgendes finden: Der Himmel ist ewiger Tag, ohne Nacht und ohne Schatten, unaufhörlich durchflutet von unauslöschlichem reinen Licht. 147. Wie bei uns die Wachenden mehr gelten als die Schlafenden, so genießen im Weltall die himmlischen Dinge den Vorzug vor den irdischen. Die einen befinden sich im schlaflosen Wachzustand und machen unfehlbar sichere, völlig korrekte Bewegungen, die anderen aber werden vom Schlaf überwältigt. Wenn sie für eine Weile erwachen, sinken sie alsbald wieder in den Schlaf zurück, weil ihnen kein geistiges Auge zur klaren Sicht zur Verfügung steht. So irren sie umher und gehen fehl. Alles wird ihnen durch falsche Vorstellungen verdunkelt. Zum Träumen gezwungen, verlieren sie die Macht über die Dinge und werden unfähig, etwas fest und sicher zu erfassen.

148. Auch dass der junge Mann den zweiten Wagen des Königs besteigt, ist von tiefer Bedeutung. Der Politiker nimmt nach dem Herrscher den zweiten Platz ein. Er ist weder gemeiner Mann noch König, sondern steht in der Mitte zwischen beiden. Er ist mächtiger als der gemeine Mann, doch er verfügt über weniger Macht als ein König, dem unumschränkte Gewalt zukommt. Der König aber, den er über sich hat, ist das Volk, dessen Geschäfte er in reiner Gesinnung und ohne Falsch treu verwaltet. 149. Die Staatsgeschäfte und die Volksmenge heben ihn hoch empor, wie auf einen Wagensitz, besonders wenn alles, Großes wie Kleines, vernünftig vonstatten geht. Zumeist gibt es keine Opposition und keinen Aufstand, sondern alles verläuft in guter Bahn, wie bei guter Seefahrt unter göttlicher Lenkung.

Vom König erhält er einen Ring – das sichtbare Zeichen des Vertrauens, zwischen dem als König herrschenden Volk und dem Politiker.

150. Das goldene Halsband scheint Ruhm und Strafe zugleich zu bedeuten: Solange nämlich die Staatsgeschäfte gut gehen, kann der Politiker stolz sein und wird von der Menge geehrt; geht aber etwas schief – ohne sein Zutun und ohne seine Schuld, sondern zufällig –, dann ist das zwar verzeihlich, doch man zieht ihn am Halsband hinab und erniedrigt ihn. Fast hört man, wie ihm der Herrscher zuruft: „Das Halsband, mein Geschenk, diene dir als Schmuck, solange meine Geschäfte erfolgreich verlaufen; doch als Galgenstrick, wenn der Erfolg ausbleibt."

151. Ich habe noch eine weitere sinnbildliche Deutung dieser Stelle gehört.[99] Sie lautet folgendermaßen: Der König von Ägypten sei gleichsam unser Geist; mit königlicher Macht ausgestattet, beherrsche er den körperlichen Teil jedes Menschen. 152. Wenn der Geist zum Freund des Leibes wird, gilt seine Aufmerksamkeit besonders Brot, Beilagen und Getränken, drei Dingen.[100] Deshalb hat der König drei entsprechende Dienstleute: Bäcker, Mundschenk und Koch,[101] so dass einer für das Brot, einer für das Getränk und einer für die Beilagen zuständig ist. 153. Alle drei sind Eunuchen, da ein genusssüchtiger Mensch unfähig ist, das Notwendigste zu erzeugen – Besonnenheit, Sittsamkeit, Enthaltsamkeit, Gerechtigkeit und überhaupt jedwede Tugend. Es gibt kaum zwei Kräfte, die einander so Feind sind wie Tugend und Lust. Der Lust zuliebe vernachlässigen die meisten Menschen das, worum sie sich wirklich kümmern sollten; sie folgen ihren Begierden und unterwerfen sich deren Befehl. 154. Der Koch wird nicht ins Gefängnis geführt und nicht misshandelt, denn die Beilagen sind nicht notwendig und dienen nicht dem Genuss selbst, sondern bilden nur den Anreiz zum Genuss. Anders steht es mit den beiden anderen, dem Bäcker und dem Mundschenk, die mit den wichtigen, zum Leben notwendigen Dingen beschäftigt sind – Speise und Trank. Sind diese sorgfältig zubereitet, erhalten die dafür Zuständigen Lob, bei nachlässiger Zubereitung jedoch fallen sie in Ungnade und werden bestraft. 155. Aufgrund der Verschiedenheit der Lebensmittel fallen die Strafen verschieden aus: Speise ist für den Menschen notwendig, während man auf Wein verzichten kann, indem man allein Wasser trinkt.[102] 156. Der Mundschenk wird begnadigt, weil er sich in einer weniger wichtigen Sache vergangen

---

99 Die den eingeschalteten Exkurs abschließende allegorische Auslegung (Abschnitte 151–156) hat keine Funktion für die Lehre der Josefsschrift. Philo will nur sagen: Ich kenne auch das, was andere über die biblische Erzählung sagen. Verschiedene Deutungen sind möglich; meine eigene ist nicht die einzig gültige.

100 Hauptnahrungsmittel sind Getreideprodukte. Unter Beilagen (opsa) versteht der Grieche Gemüse, Fleisch und Fisch.

101 Diese drei Ämter nennt auch Xenophon nebeneinander (Kyrupädie V 5,39; VIII 8,20).

102 Statt mit Wasser vermischten Wein, wie es in der Antike üblich war.

hat. Dem Bäcker dagegen, dessen Vergehen eine Sache von höchster Wichtigkeit betraf, wird nicht verziehen; der Zorn gegen ihn hat die Todesstrafe zur Folge. Nahrungsmangel führt zum Tod. Wer sich in dieser Sache eines Vergehens schuldig gemacht hat, muss ebenfalls sterben, und zwar am Galgen. Ihm wird als Strafe zuteil, was er dem anderen zugefügt hat, denn er selbst hat ihn an den Galgen gebracht, nämlich mit Hunger gequält. 157. Soviel dazu.

Die fetten und die mageren Jahre

Zum Statthalter des Königs eingesetzt und mit der Verwaltung Ägyptens betraut, zog der junge Mann aus, um sich in allen Landesteilen vorzustellen (Gen 41,46). Er bereiste die einzelnen Provinzen, die sogenannten Nomen,[103] und zog von Stadt zu Stadt. Bei allen, denen er begegnete, machte er sich mehr als beliebt,[104] nicht nur durch die Förderung, die er allen gewährte, sondern bereits durch sein vorteilhaftes Aussehen und sein freundliches Auftreten.

158. Als nun, der Traumdeutung entsprechend, die ersten sieben Jahre kamen, die Jahre der großen Fruchtbarkeit, da ließ er alljährlich den fünften Teil der Ernte von den Distriktgouverneuren[105] und den ihm zur Verfügung gestellten Beamten einsammeln. Er brachte eine so große Menge an Getreide zusammen, wie sie seit Menschengedenken nicht gesehen ward. Zum Beweis lässt sich Folgendes anführen: Man konnte die Menge nicht messen, obgleich einige, die es wollten, große Mühe darauf verwandten. 159. Sieben Jahre lang lieferte der Boden reichen Ertrag. Dann begann die Hungersnot; sie wurde immer schlimmer und breitete sich immer weiter aus. Sie ergriff auch die Ägypten benachbarten Städte und Provinzen, gelangte bis an die äußersten Grenzen im Osten und Westen und herrschte schließlich auf dem ganzen Erdkreis. 160. Niemals zuvor soll ein Übel von dieser Art in solchem Umfang gewütet haben. Es lässt sich mit der Krankheit vergleichen, die von den Ärzten „Her-

---

103 Ägypten war in 40 Verwaltungsbezirke oder „Gaue" *(nomoi)* gegliedert. Dieser Hinweis wendet sich an eine nichtägyptische Leserschaft.
104 Der neue Statthalter weckt geradezu „Liebesverlangen" *(pothos)*.
105 Lies *toparchōn* (nach Gen 41,34, griechischer Text).

pes" genannt wird.[106] Diese Krankheit befällt alle Glieder, indem sie sich Schritt für Schritt wie ein Feuer über den ganzen eiternden Körper verbreitet. 161. In jedem Land bestimmte man die angesehensten Männer und schickte sie zum Getreidekauf nach Ägypten. Überallhin hatte sich die Kunde von der Vorsorge des jungen Mannes verbreitet, der so reichen Vorrat an Nahrung für die Zeit der Not gehortet hatte. 162. Als erste Maßnahme befahl er, alle Speicher zu öffnen. Durch den bloßen Anblick, so meinte er zu Recht, könnten alle ermutigt und seelisch noch mehr als körperlich durch gute Hoffnung Kraft schöpfen. Dann ließ er die mit der Aufsicht über das Getreide betrauten Beamten Getreide an jene verkaufen, die kaufen wollten. Er selbst aber bedachte immer die Zukunft und schenkte dem, was bevorsteht, mehr Beachtung als der Gegenwart.

Der Besuch der Brüder

163. Auch der Vater, in dessen Land es an Lebensmitteln mangelte, schickte zehn seiner Söhne zum Getreidekauf nach Ägypten, ohne etwas vom Glück seines Sohnes zu wissen (Gen 42,1–3). Den jüngsten Sohn, einen leiblichen Bruder des Statthalters, behielt er bei sich zu Hause. 164. In Ägypten angekommen, traten sie vor ihren Bruder wie vor einen Fremden. Seine Würde flößte ihnen Ehrfurcht ein, so dass sie sich vor ihm, altem Brauch folgend, auf die Erde niederwarfen[107] – die erste Erfüllung eines seiner Träume.[108] 165. Als er sie erblickte, erkannte er sofort alle Brüder, während keiner von ihnen ihn erkannte. Gott wollte aus gewichtigen, jetzt zu verschweigenden Gründen die Wahrheit noch nicht offenbaren, weshalb er das Antlitz des Landesvorstehers veränderte und würdevoller erscheinen ließ,

---

106 Eine Hautkrankheit (Krätze?, Hautflechte?).

107 Nach vorderasiatischem Hofzeremoniell wirft sich der Untertan vor dem Herrscher zu Boden zum Zeichen der Selbsterniedrigung. Solche fußfällige Verehrung (Proskynese), die den großen Abstand zwischen Herrscher und Untertan markiert, gilt als ungriechischer Akt der Huldigung. Auch Juden (Est 3,2; Philo, *Legatio ad Gaium/Gesandtschaft zu Gaius* 116) lehnen solche Unterwürfigkeit aus religiösen Gründen ab. Philo kann die Proskynese jedoch aus der biblischen Erzählung (Gen 37,7.9; 42,6) nicht verbannen.

108 S. Abschnitt 6.

oder aber die Wahrnehmung derer beeinträchtigte, die ihn erblickten. 166. Schon in jungen Jahren regierte er als Stellvertreter und Zweiter nach dem König, und der Osten wie der Westen blickte zu ihm auf; dennoch übermannten ihn weder jugendlicher Übermut noch Stolz auf seine große Macht. Er hätte Böses ersinnen und die Gelegenheit ergreifen können, sich zu rächen, doch er tat es nicht. Er unterdrückte seine Gefühle und verschloss sie in seiner Seele. Er gab sich Mühe, durch seine Blicke, seine Stimme und sein ganzes Verhalten als ein Fremder zu erscheinen, der in Zorn geraten ist: „He, ihr da", fing er an, „ihr habt nichts Gutes vor. Ein Feind des Königs hat euch als Kundschafter hergeschickt, und ihr habt geglaubt, ihr könntet den versprochenen üblen Dienst unbemerkt leisten. Doch nichts, was im Geheimen geschieht, bleibt verborgen,[109] mag es auch in noch so finsterem Dunkel beschlossen worden sein."

167. Sie versuchten sich zu rechtfertigen, indem sie erklärten, man beschuldige sie ohne Grund. Weder seien sie von übelwollenden Menschen geschickt, noch hegten sie selbst feindliche Absichten gegen die Bewohner des Landes. Niemals würden sie einen solchen Auftrag übernehmen, seien sie doch von Natur aus friedliche Menschen. Von Kindheit an hätten sie das ruhige Leben schätzen gelernt von ihrem Vater, einem überaus frommen und von Gott sehr geliebten Mann. Zwölf Söhne habe dieser Vater, doch der jüngste sei zu Hause geblieben, da er noch nicht in einem Alter stehe, in dem man ins Ausland reisen könne. „Die zehn anderen, uns selbst, die du vor dir siehst, sind nun hier. Und der zwölfte ist getötet worden."

Als er hörte, wie jene, die ihn verkauft hatten, ihn als tot ausgaben, was mag da in seiner Seele vorgegangen sein? 168. Obwohl er von dem Gefühl, das ihn bewegte, sich nichts anmerken ließ, fachte ihre Rede in ihm ein loderndes Feuer an. Mit ernster Miene sprach er: „Wenn es stimmt, dass ihr nicht gekommen seid, das Land auszukundschaften, dann will ich euch das nur glauben, wenn ihr eine Zeitlang hier bleibt. Euer jüngster Bruder soll hierherkommen; schickt nach ihm durch einen Brief! 169. Vielleicht wollt ihr aber schnell zurückkehren, weil euer Vater sich wegen der langen Abwesenheit Sorgen macht. In diesem Fall könnt ihr gehen, doch lasst mir einen von euch als Geisel

---

109 Vermutlich eine Redensart (vgl. Mt 10,26).

zurück, bis ihr mit dem Jüngsten wiederkommt. Auf Ungehorsam steht die schlimmste Strafe – der Tod." 170. Kaum hatte er so gesprochen, gab er sich zornig und entfernte er sich mit finsterem Blick.

Voller Angst und Sorge verwünschten sie sich wegen des Anschlags, den sie auf ihren Bruder verübt hatten. „Jenes Unrecht", sagten sie, „ist schuld an unserem gegenwärtigen Unglück. Die Gerechtigkeit, die im Geschick der Menschen waltet, hat es gegen uns ersonnen. Eine Zeitlang hat sie sich zurückgezogen, doch jetzt geht sie erbarmungslos und unerbittlich gegen die vor, die Strafe verdient haben. 171. Sind wir etwa ohne Schuld? Dem Bruder konnten wir nichts vorwerfen, hat er doch nur sein Traumgesicht berichtet, wie es unter denen üblich ist, die miteinander leben, aus Liebe zu den Verwandten. Als er uns um Schonung anflehte, zeigten wir kein Erbarmen. Brutal und ungeschlacht wie wir sind, waren wir zornig und handelten gottlos, das müssen wir wahrheitsgemäß sagen. 172. Was wir jetzt erleiden ist die Strafe – und es wird noch schlimmer kommen. Wir haben schreckliche Schande über uns und über die ganze Verwandtschaft gebracht – wir, die wir wegen der außergewöhnlichen Tugenden unserer Väter, Großväter und Vorfahren bei fast allen Menschen als edles Geschlecht galten."

173. Der älteste der Brüder, der schon damals, als sie den Anschlag berieten, Bedenken geäußert hatte, meinte nun: „Reue über das Geschehene nützt wenig. Schon damals ermahnte ich euch unter Flehen und mit Hinweis auf die Größe der Freveltat, eurem Zorn nicht nachzugeben. Aber statt mir beizupflichten, habt ihr euren Willen durchgesetzt. 174. Jetzt haben wir den Lohn für den Frevel. Jetzt kommt der hinterhältige Anschlag auf unseren Bruder zur Untersuchung. Nicht ein Mensch untersucht ihn, sondern Gott oder der Logos[110] oder das göttliche Gesetz."[111]

175. Der von ihnen verkaufte Bruder hörte mit, obwohl sie wegen der Anwesenheit eines Dolmetschers nur leise miteinander sprachen.

---

110 Nach Philo wirkt Gott nicht selbst in der Welt, sondern durch seine immanente Gestalt, die als Logos (Vernunft) bezeichnet wird.

111 Die Reihe „Gott", „Logos", „göttliches Gesetz" ist absteigend: Der Logos wird hier als Mittelwesen aufgefasst, das göttliche Gesetz ist wohl mit Josef gleichzusetzen. Josef ist „lebendes Gesetz" (*nomos empsychos*, vgl. oben Philo, *De Abrahamo* 5, und unten Abschnitt 266 mit Anmerkung 140.

Von seinen Gefühlen überwältigt und den Tränen nahe, wandte er sich ab, um sich nicht zu verraten. Dann ließ er seinen Tränen freien Lauf. Nachdem er sich gefasst und die Tränen getrocknet hatte, wandte er sich ihnen wieder zu und befahl, den zweitältesten Bruder vor aller Augen in Fesseln zu schlagen. In der Reihenfolge entspricht der Zweitälteste dem Zweitjüngsten wie der Erste dem Letzten.[112] 176. Vielleicht entschied er sich für diesen auch deshalb, weil er als ihr Anführer die größte Schuld an dem begangenen Unrecht hatte. Wäre dieser damals auf die Seite des ältesten Bruders getreten, der den guten und menschenfreundlichen Rat gegeben hatte, so hätte durch ihn, den Jüngeren,[113] der älter als die übrigen war, das Verbrechen vielleicht noch verhindert werden können. Gewiss hätte die Einigkeit der beiden Brüder, denen höchster Rang und höchstes Ansehen zukam, großes Gewicht gehabt. 177. Aus eigenen Stücken hat er die bessere Seite des ältesten Bruders verlassen – die Seite der Milde –, und, zur gegnerischen verbrecherischen Seite übergewechselt, als deren Anführer die Unterstützer der Freveltat so ermutigt, dass der schändliche Anschlag ohne Nachsicht zur Ausführung kam. Aus diesem Grund, so scheint mir, wurde allein er in Fesseln geschlagen.

178. Während sich die anderen Brüder auf die Heimreise vorbereiteten, befahl der Vorsteher des Landes[114] den Getreideverkäufern, deren Krüge[115] wie die von Gastfreunden zu füllen und das Geld, das sie dafür empfangen hatten, heimlich obenauf zu legen, ohne den Käufern etwas zu sagen. Auch sollten sie ihnen genügend Nahrungsmittel für die Reise mitgeben, damit das von ihnen gekaufte Getreide unvermindert nach Hause gelangte.

179. So begaben sich die Brüder auf die Rückreise. Sie bemitleideten ihren gefangenen Bruder. Auch waren sie in Sorge wegen des Vaters, der von einem neuen Missgeschick erfahren sollte und

---

112 Der Gefesselte (Simeon) ist der Zweitälteste, Josef selbst der Zweitjüngste. Die Reihenfolge der Söhne Jakobs ist wie folgt: Ruben, Simeon, Levi, Juda, Dan, Naftali, Gad, Ascher, Issachar, Sebulon, Josef, Benjamin.
113 Gemeint ist Simeon.
114 Gemeint ist Josef.
115 Das Transportmittel für Getreide ist in der Josefserzählung der hebräischen und griechischen Bibel der Sack, bei Philo der Tonkrug.

glauben musste, jede Reise werde die Schar seiner Söhne mindern. „Die Sache mit der Gefangenschaft wird er nicht glauben wollen", sagten sie sich. „Er wird die Gefangenschaft für eine Ausrede halten und meinen, es handele sich um seinen Tod. Ein Unglück pflegt ein zweites, gleiches nach sich zu ziehen." Während sie so redeten, brach die Dunkelheit herein. Den Tieren nahmen sie die Lasten ab, und diese atmeten auf; doch in ihren eigenen Seelen wurde die Bedrückung immer schwerer, denn sobald sich der Körper ausruht, wird die Seele, die das Unangenehme klarer bedenken kann, gequält und geängstigt. 180. Als einer von ihnen seinen Krug öffnete, fand er obenauf einen Beutel voll Geld. Und als er nachzählte, war es genau der Betrag, den er für das Getreide ausgegeben hatte. Erschrocken berichtete er es den anderen. 181. Die Brüder aber dachten nicht an ein Geschenk, sondern an eine Falle, und wurden von Angst gepackt. Eigentlich wollten sie noch alle Krüge überprüfen, doch aus Furcht, verfolgt zu werden, brachen sie sofort auf, reisten in atemloser Hast und legten in kurzer Frist eine Strecke zurück, zu der man sonst viele Tage gebraucht hätte.

Der Schmerz und die Einsicht des Vaters

182. Einer um den andern warf sich weinend in die Arme des Vaters und küsste ihn herzlich, während seine Seele bereits das Unheil erahnte. Schon als er sie herankommen und ihn begrüßen sah, hatte er Klage über die Saumseligkeit des zurückgebliebenen Sohnes erhoben, in der Annahme, dieser habe sich verspätet. Er wandte seinen aufmerksamen Blick nicht von den Eingängen, in der Erwartung, seine Kinder bald vollzählig zu sehen. 183. Da aber keiner mehr kam und die Söhne seine Verzweiflung sahen, ergriffen sie das Wort (Gen 42,30–34):

„Im Unglück, lieber Vater, ist Ungewissheit schlechter auszuhalten als das Wissen, denn der Wissende findet einen Weg zur Rettung, während das quälende Nichtwissen zu Verzweiflung und Ausweglosigkeit führt. Höre also die schmerzliche Geschichte, die zu berichten ist! 184. Um dich vor der Befürchtung, er sei tot, zu befreien: Der Bruder, den du mit uns zum Getreidekauf geschickt hast und der nicht zurückgekehrt ist, der lebt. Ja, er lebt, doch ist er in Ägypten bei dem Vorsteher des Landes. Dieser wirft uns vor, wir seien Kundschafter – entweder, weil uns jemand verleumdet hat, oder er ist argwöhnisch. 185. Wir haben uns verteidigt, wie es die Lage erforderte. Wir haben auch von dir, unserem Vater, gesprochen, und von den übrigen Brüdern, einem toten und einem, der bei dir sei, dem jüngsten, der, wie wir angaben, noch zu jung und deshalb zu Hause geblieben sei. So haben wir alles über unsere Familie berichtet, um den Argwohn zu beseitigen, doch es half nichts. Er sagte, unserer Rede könne er nur Glauben schenken, wenn der jüngste Knabe zu ihm komme. Deshalb behielt er auch den zweiten Sohn als Geisel und Pfand zurück. 186. Diese Maßnahme ist höchst unangenehm, mehr den Umständen geschuldet als dem, der sie anordnete, und wir mussten uns notgedrungen fügen, der Lebensmittel wegen, die es für Bedürftige allein in Ägypten gibt."

187. Der Vater seufzte tief, dann entgegnete er: „Wen soll ich zuerst beklagen? Den vorletzten Sohn,[116] den das Unglück nicht zuletzt, sondern zuerst ereilt hat? Oder den zweiten, der die zweite Art von Missgeschick erleidet: Gefangenschaft statt Tod? Oder den jüngsten Sohn, der, wenn er reist, eine unerwünschte Reise unternehmen muss, ohne Rücksicht auf das Missgeschick der Brüder? So verliere ich Glied um Glied – Teile der Eltern sind ja die Kinder – und werde noch kinderlos, ich, der ich doch bis vor kurzem noch als mit Kindern reich gesegneter Mann galt."

188. Dann nahm der Älteste das Wort: „Nimm doch meine beiden Söhne zum Pfand, die einzigen, die ich habe! Du kannst sie töten, wenn ich dir den mir überlassenen Bruder nicht wohlbehalten zurückbringe. Seine Reise nach Ägypten wird uns einen doppelten Gewinn beringen – erstens den Beweis, dass wir keine feindlichen Kundschafter sind, und zweitens die Befreiung des Bruders, der im Gefängnis sitzt."

189. Der Vater war sehr betrübt. Er wusste nicht was er tun sollte. Von den zwei Söhnen derselben Mutter[117] war der eine bereits tot. Der andere, als einziges Kind übriggeblieben, werde die Reise scheuen und in Erinnerung an das schreckliche Schicksal seines älteren Bruders vor Angst den Tod finden.

---

116 Nämlich Josef.
117 Gemeint ist Rahel.

Noch während der Vater sprach, bestimmten sie den kühnsten Mann, den fähigsten Anführer, den gewandtesten Redner – in der Reihenfolge des Alters den vierten;[118] er sollte ihren gemeinsam gefassten Beschluss erklären. 190. Dieser war wie folgt: Die Lebensmittel sind knapp, denn der Vorrat an Getreide, den sie gebracht hatten, ging bereits zur Neige, und die Hungersnot war groß. Daher wollten sie erneut zum Getreidekauf abreisen, allerdings nicht, wenn der jüngste Bruder zu Hause bliebe, denn der Vorsteher des Landes habe ihnen verboten, ohne ihn zu kommen.

191. In seiner Weisheit kam der Vater zur Einsicht, es sei besser, das Schicksal eines einzigen Menschen angesichts der ungewissen Zukunft aufs Spiel zu setzen als die ganze Familie dem sicheren Verderben preiszugeben, nämlich der unheilbaren Krankheit der Hungersnot. Also sprach er: 192. „Nun gut: mein Wunsch muss hinter dem zurückstehen, was nottut, und ich muss einlenken. Vielleicht hat ja die Natur[119] noch etwas Besseres mit uns vor, etwas, was sie uns noch nicht offenbaren will. 193. Nehmt also den Jüngsten mit, wie von euch geplant. Reist also, jedoch nicht wie das erste Mal, als ihr nur Geld nötig hattet, weil keiner euch kannte und euch noch kein Missgeschick widerfahren war. Nehmt nun auch Geschenke mit, und zwar aus drei Gründen: einmal, um den Herrn und Aufseher des Getreideverkaufs zu versöhnen, der, wie ihr berichtet habt, euch bereits kennt; sodann, um den gefangenen Bruder möglichst rasch durch Lösegeld zu befreien; und schließlich, um euch vom Verdacht der Spionage ganz zu befreien. 194. Nehmt also von allem, was unser Land hervorbringt, und überbringt sie diesem Mann! Dazu noch den doppelten Geldbetrag, nämlich den euch versehentlich zurückgegebenen Betrag und einen weiteren Betrag für den Einkauf von weiterem Getreide. 195. Nehmt aber auch das Gebet mit, das ich an Gott, unseren Retter, richte! Möget ihr von den Bewohnern des Landes während eurer Reise freundlich aufgenommen werden! Und möget ihr unversehrt wieder zu eurem Vater nach Hause kommen, zusammen mit den Söhnen, den Pfändern, die euch auferlegt worden sind – der dort im Gefängnis weilt und der andere, den ihr

---

118 Nämlich Juda. Vgl. die Anmerkung zu Abschnitt 175.
119 Griechisch *physis*, gemeint ist die Vorsehung (wie Abschnitt 38).

jetzt mit euch führt, den jüngsten, der vom Leben nichts weiß." Da nahmen sie ihn mit und reisten nach Ägypten.

Der Vorsteher des Landes lädt zu einem Gastmahl

196. Kaum waren sie, nach wenigen Tagen, angekommen, da empfing sie der Vorsteher des Landes hoch erfreut. Seinem Hausverwalter befahl er, ein Gastmahl vorzubereiten und die Männer einzuladen, mit ihm Tisch und Salz zu teilen.[120] 197. Sie fanden sich dazu ein, doch weil sie den Grund der Einladung nicht kannten, war ihnen bange. Sie glaubten, man werde sie nun des Diebstahls beschuldigen, weil sie das vorige Mal das in ihren Krügen gefundene Geld mitgenommen hatten. Um ihr Gewissen zu beruhigen, sprachen sie den Verwalter des Hauses an und suchten sich wegen einer Sache zu rechtfertigen, in der sie niemand angeklagt hatte. Zugleich wollten sie das Geld zurückgeben. 198. Er aber beruhigte sie mit menschenfreundlichen Worten: „Keiner kann so gottlos sein, die Gnade Gottes als Verbrechen zu bezeichnen. Gott sei euch auch ferner gnädig, denn er hat Schätze in eure Krüge regnen lassen (Gen 43,22). Euch hat er nicht nur Nahrung, sondern auch Reichtum beschert."

199. Auf diese Weise beruhigt, legte jeder von ihnen der Reihe nach die Geschenke zurecht, die er mitgebracht hatte und überreichte sie dem Herrn des Hauses, als dieser kam. Er erkundigte sich nach ihrem Ergehen und ob ihr Vater noch lebe, von dem sie ihm früher berichtet hatten. Sie erwiderten nur, der Vater lebe und sei gesund; über sich selber aber sagten sie nichts. 200. Da pries er Gott und nannte den Vater einen von Gott Gesegneten. Als er dann seinen Bruder erblickte, den Sohn seiner eigenen Mutter, verlor er die Fassung. Um es zu verheimlichen, wandte er sich ab und verließ sie, angeblich eines dringenden Geschäftes wegen, denn die Wahrheit auszusprechen war der Zeitpunkt noch nicht gekommen. In

---

120 Die Redensart bezieht sich auf Gastfreundschaft. „Wie das Sprichwort sagt, kann man einander nicht kennen, bevor man nicht jenes bekannte Salz miteinander gegessen hat" (Aristotles, *Nikomachische Ethik* VIII 4, 1156b). In der vormodernen arabischen Welt galt jeder, mit dem man Brot und Salz teilte, als Freund.

einer Kammer des Hauses aber schluchzte er auf und ließ den Tränen freien Lauf. 201. Nachdem er sich gewaschen hatte, fasste er
sich wieder. Er begab sich wieder zu den Gästen, brachte ihnen den
anstelle des Jüngsten als Geisel zurückgehaltenen Bruder, und lud
alle zum Mahl. Auch andere, angesehene Ägypter, nahmen am Gastmahl teil. 202. Jeder wurde nach den Bräuchen seiner Väter bewirtet, da es dem Gastgeber eine Härte schien, alte Gesetze unbeachtet
zu lassen – gerade bei einem Gastmahl, bei dem das Angenehme,
nicht das Unangenehme, überwiegen soll. 203. Damals gab es noch
nicht die Sitte, das Essen liegend einzunehmen.[121] Seiner Anweisung entsprechend, wurden sie nach dem Alter gesetzt. Sie waren
überrascht: Tatsächlich folgten die Ägypter demselben Brauch wie
die Hebräer, indem sie eine bestimmte Reihenfolge einhielten und,
was die Ehrung anbelangt, zwischen den Älteren und den Jüngeren
Unterschiede machten. 204. Vielleicht herrschten in diesem Land
früher einmal rohere Bräuche, sagten sie sich. Dieser Mann an der
Spitze des Gemeinwesens hat nicht nur die großen Dinge, durch die
im Frieden wie im Kriege alles gut geleitet wird, bestens geordnet,
sondern auch das, was als unwesentlich und als Spielerei gilt. Das
Mahl verlangt ja eine gelöste Stimmung, und der allzu ernste und
strenge Gast ist fehl am Platz.

205. Während sie fortwährend solche lobenden Bemerkungen
untereinander austauschten, wurden Tische mit einfachen Speisen
hereingetragen, denn der Gastgeber hielt es in einer Zeit der Hungersnot nicht für angemessen, wenn die einen darben und die anderen schwelgen. Auch dies entging ihrem hellen Verstande nicht. Als
lobenswert galt ihnen seine Abscheu vor Maßlosigkeit, die Neid her-
vorruft, und sie sagten: „Mit den Bedürftigen hat er Mitleid, doch
er wahrt die Rolle des Gastgebers. Er gleicht zwischen Bedürftigen
und Gästen aus und vermeidet so Unzufriedenheit auf beiden Seiten." 206. Was auf den Tisch kam, war nicht zu verachten und den
Umständen angemessen. Was an Menge fehlte, wurde ausgeglichen
durch wiederholten freundlichen Zuspruch beim Trinken, gute
Wünsche und die Aufforderung zuzugreifen – für freie und gebil-

---

121 Zu Tisch zu liegen ist ein aus Vorderasien kommender Brauch in der bes-
seren griechischen Gesellschaft.

dete Menschen angenehmer als die Mengen an Speisen und Geträn-ken, die man für die Liebhaber von Gastmählern und Schmausereien auffährt, alles Dinge, die keine Aufmerksamkeit verdienen und die man nur für kleine Geister inszeniert.

Der gestohlene Becher

207. Am folgenden Tag bestellte er schon frühmorgens den Ver-walter seines Hauses zu sich (Gen 44,1). Er hieß die Krüge, welche die Männer mitgebracht hatten, mit Getreide zu füllen. Oben seien wiederum die Beutel mit Geld zu legen, in den Krug des Jüngsten aber außerdem der schönste seiner silbernen Becher, aus dem er sel-ber trank. 208. Bereitwillig und ohne Zeugen führte der Verwalter den Auftrag aus. Voller Freude über das, was ihnen wider Erwarten widerfahren war und ohne etwas von diesem heimlichen Tun zu wissen, reisten die Männer ab.

209. Sie hatten allerlei Befürchtungen gehabt: Man werde sie anklagen wegen der Entwendung des ihnen zurückgegebenen Gel-des; man werde sich weigern, den als Geisel inhaftierten Bruder frei-zulassen; man werde vielleicht noch den jüngsten Bruder verlie-ren, weil der Mann, der ihn mitzubringen befohlen hatte, ihn auch gewaltsam zurückhalten könnte. 210. Doch was geschehen war, über-traf alle ihre Hoffnungen: Es hatte keine Anklage gegeben; sie hat-ten mit ihm Tisch und Salz geteilt, was allgemein als Zeichen echter Freundschaft gilt; sie hatten den Bruder unversehrt zurückerhalten, ohne eigens darum bitten zu müssen; und den Jüngsten konnten sie nun heil zum Vater zurückführen. Dem Verdacht auf Spionage waren sie entronnen. Sie konnten einen reichen Vorrat an Nahrungsmitteln nach Hause bringen. Auch für die Zukunft erwarteten sie Gutes; denn, so sagten sie sich, wenn die Lebensmittel wieder ausgehen sollten, dann würden sie die Reise zum Vorsteher des Landes nicht mehr wie zuvor in Angst und als Reise zu einem Fremden, sondern freudig unternehmen, wie die Reise zu einem Verwandten.

211. Während sie sich mit solchen angenehmen Gedanken beschäftigten, war plötzlich ein unerwarteter Lärm zu hören. Von seinem Herrn geschickt, überraschte sie der Hausverwalter mit einer nicht geringen Schar von Dienern. Mit den Händen gestikulierend,

hieß er sie anhalten. 212. Noch atemlos vom Herbeieilen rief er: „Wie mit einem Siegel habt ihr nun bestätigt, was man euch früher vorgeworfen hat! Ihr vergeltet Gutes mit Bösem, indem ihr wieder dasselbe Verbrechen begeht. Dieses Mal habt ihr aber nicht nur das Geld für das Getreide entwendet, sondern einen noch größeren Frevel begangen. Eine böse Tat, die ohne Strafe bleibt, wird auch weiter begangen. 213. Gestohlen habt ihr den schönsten und kostbarsten Becher meines Herrn, den Becher aus dem er euch zugetrunken hat! Ihr wart es, ihr, die Dankbaren, die friedlichen Menschen, die das Wort Kundschafter nicht einmal kennen, die den doppelten Betrag zum Ersatz für den früheren gebracht haben – vermutlich als Köder, um noch mehr Beute zu machen! Doch nicht immer hat das Böse Erfolg. Es mag sich auch noch so gut tarnen, eines Tages fliegt es auf."

214. So fuhr er fort. Urplötzlich von Schmerz und Furcht, den schlimmsten Übeln, überfallen, standen sie starr und wortlos da. Das Hereinbrechen von Unglück lässt auch den redegewandtesten Menschen verstummen. 215. Doch um nicht den Anschein zu erwecken, ihr Schweigen verrate Schuldgefühl, rafften sie sich aus der Erstarrung auf und sagten: „Wie sollen wir uns verteidigen und vor wem? Du, unser Ankläger, sollst auch unser Richter sein. Auch müsstest du unser Anwalt sein, wenn uns andere beschuldigen. Du kennst uns ja. Haben wir nicht das Geld, das sich damals in den Krügen fand, zurückgebracht und abgeliefert, ohne dass man es von uns verlangte? Und jetzt sollen wir uns so verändert haben, dass wir uns durch Raub und Diebstahl bei unserem Gastgeber bedanken? Niemals! Nie würde uns so etwas in den Sinn kommen!" 216. Wer von uns Brüdern im Besitz dieses Bechers angetroffen wird, der soll sterben! Ein solches Verbrechen, wenn es denn geschehen ist, soll, wie wir meinen, mit dem Tod geahndet werden, und das aus vielen Gründen: Erstens sind Habsucht und das Begehren fremden Eigentums gegen alles Gesetz;[122] zweitens ist der Versuch, dem Wohltäter zu schaden, ein ruchloses Verbrechen; und drittens ist es die größte Schande, wenn Menschen, die auf ihre edle Abstammung stolz sind, den Ruhm ihrer Vorfahren durch Straftaten vernichten. Wenn also

---

122 Vgl. das Dekaloggebot „Du sollst nicht begehren das Haus deines Nächsten noch seinen Acker" usw. (Ex 20,17, griechischer Text).

einer von uns gestohlen hat, ist er aller dieser Vergehen schuldig. Tausendfach hat er den Tod verdient. Er soll sterben."

217. Während sie sprachen, nahmen sie den Tieren die Lasten ab und forderten den Verwalter auf, alles sorgfältig zu untersuchen. Wie er wusste, lag der Becher im Krug des Jüngsten, hatte er ihn ja selbst heimlich dort versteckt. Doch der Verwalter stellte sich dumm. Er fing bei dem Ältesten an, und der Altersfolge entsprechend, brachte jeder seinen Krug herbei. Erst im letzten Krug fand sich das Gesuchte. Als sie das sahen, erhoben sie lautes Klagegeschrei, zerrissen die Kleider, vergossen Tränen und stöhnten. Im Voraus beweinten sie den noch lebenden Bruder, sich selbst und nicht zuletzt auch den Vater, der das Unglück, das dem Sohn zustoßen würde, vorausgesehen hatte und daher diesen Bruder, als sie es verlangten, nicht mitziehen lassen wollte. 218. Niedergeschlagen und verstört zogen sie auf demselben Wege in die Stadt zurück. Durch den Vorfall waren sie aus der Fassung geraten. Nicht die Habgier des Bruders sei schuld an der Sache; vielmehr sahen sie sich als Opfer eines heimtückischen Anschlags. Sogleich wurden sie dem Vorsteher des Landes vorgeführt. Nun bewiesen sie ihre aus echtem Gefühl stammende Bruderliebe, 219. indem sie sich ihm gemeinsam zu Füßen warfen, als wären sie alle des Diebstahls schuldig, was ja gar nicht zutraf. Sie weinten, flehten, lieferten sich aus, versprachen, freiwillig in die Sklaverei zu gehen, nannten ihn ihren Herrn und sich selbst Preisgegebene, Haussklaven, Kaufsklaven – keine erniedrigende Bezeichnung ließen sie aus.

220. Der Vorsteher des Landes aber wollte sie abermals prüfen und herrschte sie mit ernster Stimme an: „Niemals werde ich das Unrecht begehen, so viele auf einmal als Häftlinge abführen zu lassen, nur weil ein einziger schuldig ist. Darf man denn die bestrafen, die an einem Verbrechen nicht beteiligt sind? Nur den einen soll die Strafe treffen, der die Tat begangen hat. 221. Wie ich erfahre, habt ihr draußen vor der Stadt bereits die Todesstrafe über den Schuldigen verhängt. Ich aber behandle alles nach Billigkeit.[123] Daher mil-

---

123 Das Prinzip der „Billigkeit" oder „Angemessenheit" (*epieikeia*, lateinisch *aequitas*) erlaubt dem Richter, ein Strafmaß den besonderen Umständen anzupassen. Angesprochen ist damit die Tugend der Milde des Herrschers

dere ich das Strafmaß und verhänge die Knechtschaft anstelle der Todesstrafe."

222. Die angedrohte Strafe und die falsche Beschuldigung erfüllten sie mit großem Schmerz. Da ergriff der vierte in der Reihenfolge des Alters das Wort – seine Kühnheit paarte er mit Zurückhaltung, sein Freimut war ohne Unverschämtheit[124] – und sprach: „Ich flehe dich an, o Herrscher, dich nicht dem Zorn hinzugeben. Obgleich du dem Rang nach die Stelle nach dem König einnimmst, darfst du uns nicht verurteilen, ohne zu hören, was wir zu unserer Verteidigung sagen. 223. Als du uns bei unserem ersten Besuch nach dem Bruder und dem Vater fragst, da sagten wir: Unser Vater ist ein Greis, gealtert weniger durch die Zeit als durch Schicksalsschläge, die er, einem Ringkämpfer gleich, stets auf sich nehmen musste, so dass er sein Leben in Mühsal und unerträglichem Kummer verbrachte. Der Bruder aber, noch sehr jung, wird vom Vater unendlich geliebt; als Spätgeborener blieb nur er von zwei leiblichen Brüdern übrig, denn der ältere wurde durch gewaltsamen Tod dahingerafft. 224. Dann hast du uns befohlen, den Bruder hierher zu bringen; wenn nicht, wolltest du uns nicht mehr gestatten, vor dein Angesicht zu treten. Da zogen wir betrübt von dannen. Kaum wieder zu Hause, meldeten wir dem Vater den von dir erhaltenen Befehl. 225. Anfangs widersetzte er sich aus großer Sorge um den Knaben. Doch als uns die Lebensmittel ausgingen und es wegen deiner Drohungen keiner wagte, zum Getreidekauf ohne den Jüngsten hierher zu reisen, da ließ er sich, wenn auch mit Mühe, überreden und ihn mit uns reisen. Tausend Vorwürfe machte er uns, weil wir erwähnt hatten, noch einen Bruder zu haben. Auch beklagte er es sehr, sich von ihm trennen zu müssen, denn der Knabe ist ja noch klein und weder mit den Verhältnissen des Auslands noch des eigenen Landes vertraut. 226. Wie sollen wir mit dem Vater umgehen, der in solchem Zustand ist? Wie ihm in die Augen sehen, wenn wir ohne den Knaben kommen? Den schrecklichsten Tod wird er sterben, wenn er hört, der Knabe sei nicht zurückgekehrt. Alle, die uns Feind sind und Scha-

---

oder Richters. Brüder umzubringen würde auch als pietätlos gelten (Josephus, *Jüdische Altertümer* XX 37).

124 Zum Thema der freimütigen Rede vgl. Abschnitt 107.

denfreude empfinden, werden uns Mörder, ja Vatermörder nennen.
227. Der größte Teil der Schuld aber wird mir zugerechnet werden,
denn ich habe dem Vater viele Versprechungen gemacht. Ich habe
den Knaben wie ein anvertrautes Gut übernommen, das ich zurückzugeben habe, wenn es verlangt wird. Wie aber kann ich es zurückgeben, wenn du dich nicht geneigt zeigst? Habe Mitleid mit dem alten
Mann! Bedenke den Kummer, der ihn treffen wird, wenn er nicht
zurückerhält, was er mir mit Widerwillen anvertraut hat. 228. Du
aber sollst Genugtuung erlangen für das Unrecht, das du erlitten
zu haben glaubst. Freiwillig nehme ich sie auf mich. Mach mich
zum Sklaven von diesem Tag an. Mit Freuden will ich die Arbeiten
neu gekaufter Sklaven verrichten, wenn du nur den Knaben ziehen lässt. 229. Empfänger deiner Gunst, falls du sie erweist, ist freilich nicht der Knabe, sondern einer, der gar nicht da ist, den du
von seinen Sorgen befreist – der Vater all dieser Schutzflehenden.
Schutzflehende[125] sind wir nämlich. Wir fliehen unter den Schutz
deiner erhabenen rechten Hand: Möge unser Flehen nicht verge-
bens sein. 230. Erbarme dich des alten Mannes, der all seine Man-
nesjahre als Athlet für die Tugend gekämpft hat. Die Städte Syriens
haben ihn freundlich aufgenommen und ihm Achtung entgegenge-
bracht, obgleich er fremde, von den ihren abweichende Sitten und
Gebräuche hat und sich von den Einheimischen fernhält. Doch aufgrund seiner vortrefflichen Lebensführung und der Übereinstim-
mung seiner Worte mit seinen Taten und seiner Taten mit seinen
Worten konnte er auch jene umstimmen, die ihm seiner väterlichen
Bräuche wegen nicht wohlgesinnt waren. 231. So wirst du ihm eine
Gunst erweisen, wie sie kaum einer empfangen kann, denn welches
Geschenk könnte für den Vater größer sein als den bereits verloren
geglaubten Sohn zurückzubekommen?"

232. Das alles, auch das früher Geschehene, war nichts anderes
als eine Prüfung: Der Vorsteher des Landes wollte herausfinden, wie
weit die Zuneigung reichte, die sie dem Bruder, der die gleiche Mutter
hatte wie er, entgegenbrächten. Er befürchtete nämlich, sie seien ihm

---

125 Der von Not bedrohte „Schutzflehende" wendet sich nach antikem Brauch
 an einen Herrn mit der Bitte um Schutz oder Schonung. Bereitschaft zur
 Schutzgewährung gilt als hohe Tugend.

von Natur aus fremd, wie es der Fall ist zwischen den Kindern einer Stiefmutter und den Kindern einer anderen, vom Vater gleich geachteten Frau. 233. Aus diesem Grund hatte er sie auch wie Kundschafter empfangen und über ihre Herkunft befragt, um unter diesem Vorwand zu erfahren, ob sein Bruder noch lebe und nicht etwa in hinterlistiger Weise getötet worden sei. Und aus demselben Grund hatte er auch einen der Brüder zurückbehalten und die anderen abreisen lassen, nachdem sie versprochen hatten, den Jüngsten zu ihm zu bringen. Er hatte großes Verlangen gespürt, diesen zu sehen; auch wollte er von der quälenden Sorge um ihn befreit sein. 234. Diese Sorge wurde geringer, als der Bruder erschienen war und er ihn mit eigenen Augen gesehen hatte. Aus diesem Grund lud er sie zum Gastmahl, bewirtete sie und ließ dem leiblichen Bruder bessere Speisen reichen. Dabei achtete er auf jeden Einzelnen und suchte aus ihren Mienen zu erkennen, ob sich versteckter Neid zeige. 235. Er erlebte sie in guter Stimmung, erfreut über die Ehrung des Jüngsten. Es bestand also keine heimliche Feindschaft; dafür besaß er nun schon ein zweifaches Zeugnis. Dennoch hatte er sich noch eine dritte Prüfung erdacht – der Jüngste sollte eines Verbrechens beschuldigt werden. Hier musste sich die Gesinnung eines jeden und sein Verhältnis zu dem fälschlich angeklagten Bruder besonders deutlich zeigen. 236. So gewann er die Überzeugung, die Familie seiner Mutter sei durch keinen Groll und keine hinterlistigen Machenschaften bedroht. Auch verstand er nun sein eigenes Schicksal: Er hatte es weniger wegen der bösen Pläne seiner Brüder erlitten als aufgrund der Vorsehung Gottes, der das Ganze im Blick hat, die Zukunft nicht weniger als die Gegenwart.

Die Versöhnung mit den Brüdern

237. Vom Gefühl verwandtschaftlicher Liebe überwältigt, schritt er nun rasch zur Versöhnung mit ihnen (Gen 45). Um den Brüdern jede Schande wegen ihrer verbrecherischen Handlung zu ersparen, sollten nach seinem Wunsch bei der ersten Wiedererkennung[126]

---

126 Philo verwendet das Fachwort der literarischen Theorie des Aristoteles (*Poetik* XI, 1452a: „Die Wiedererkennung *(anagnōrisis)* ist, wie schon das Wort besagt, ein Umschlag von Unkenntnis in Kenntnis mit der Folge, dass

keine Ägypter anwesend sein. 238. Deshalb hieß er die ganze Dienerschaft hinauszugehen.

Dann brach er mit einem Mal in Tränen aus und gab ihnen mit der Hand ein Zeichen, näher heranzutreten, damit ihn kein Fremder hören könnte, und sagte: „Eine geheime und lange Zeit verschwiegene Sache will ich euch offenbaren. Daher rede ich mit euch allein. Der Bruder, den ihr nach Ägypten verkauft habt, der bin ich, so wie ich vor euch stehe!"

239. Ob dieser unerwarteten Kunde erschrocken und bestürzt, senkten sie die Augen. Wie vor den Kopf gestoßen standen sie stumm und starr da. „Seid nicht bestürzt", fuhr er fort. „Ich gewähre euch Straffreiheit für alles, was ihr mit angetan habt. Ihr bedürft keines weiteren Helfers. 240. Von selbst, aus freien Stücken schließe ich Frieden mit euch. Zweifachen Rat habe ich von zwei Ratgeberinnen[127] erhalten: von der Ehrfurcht gegenüber dem Vater, der sich die Gunst verdankt, die ich euch gewähre, und von der natürlichen Menschenliebe, die ich gegenüber allen Menschen hege, besonders aber gegenüber den eigenen Blutsverwandten. 241. Was geschehen ist, geht, wie ich meine, nicht auf euch zurück, sondern auf Gott. Er machte mich zum bescheidenen Diener seiner Gunst, die er in diesen Zeiten der Not dem Menschengeschlecht erzeigen wollte. 242. Was ihr hier seht, ist Beweis genug: Ich verwalte ganz Ägypten. Ich nehme die höchste Ehrenstellung beim König ein. Obwohl ich noch jung bin, ehrt er, der ältere, mich wie einen Vater. Nicht nur von den Bewohnern dieses Landes, sondern auch von den meisten anderen Völkern werde ich geachtet, von den freien wie den unterjochten, denn alle bedürfen in Notzeiten eines Führers. 243. Nicht nur Silber und Gold sind in meiner Obhut, sondern, viel notwendiger, sämtliche Lebensmittel. Ich verteile sie nach Bedarf an alle, so dass es weder Überfluss für Ausschweifungen gibt noch Mangel in der Beseitigung von Not. 244. Ich erzähle das nicht, um damit zu

---

Freundschaft oder Feindschaft eintritt, je nachdem die Beteiligten zu Glück oder Unglück bestimmt sind." Wiedererkennungsszenen markieren den Höhepunkt und Umschwung dramatischer Handlungen.

127 Ehrfurcht *(eusebeia)* und Menschenliebe *(philanthrōpia)* sind hier personifiziert. Philo bezeichnet sie an anderer Stelle als Zwillingsschwestern *(De virtutibus/Die Tugenden* 51).

prahlen. Dies sollt ihr erkennen: Nicht ein Mensch war der Urheber des Glücks von einem, der einst Sklave und dann Häftling war, hat mich doch einmal eine Verleumdung ins Gefängnis gebracht. Es war vielmehr Gott, der das schlimmste Unglück und Missgeschick in das höchste und herrlichste Glück verwandelt hat, denn ihm ist ja alles möglich.[128] 245. So denke ich. Fürchtet euch also nicht, werft allen Kummer von euch und tauscht ihn ein gegen heiteren und guten Mut. Gut wäre auch eine rasche Reise zum Vater: Er soll als erster die frohe Kunde von meinem Auffinden erhalten. Gerüchte verbreiten sich ja schnell."

Das Lob der Brüder

246. Alle Brüder, einer nach dem anderen, priesen den Verwalter des Landes in überschwänglichen Worten. Der eine hob dies, der andere das hervor:[129] der eine seine Versöhnlichkeit, der andere seine Liebe zu den Verwandten, der nächste sein weises Handeln, alle insgesamt aber seine Frömmigkeit, weil er das gute Ende auf Gott zurückführte und keinen Groll mehr hegte über das Missgeschick, mit dem alles begonnen hatte. Auch priesen sie seine außerordentliche, mit Bescheidenheit gepaarte Standhaftigkeit.[130] 247. In der schlimmen Lage, in der er sich als Sklave befand, äußerte er über seine Brüder, die ihn verkauft hatten, nichts Schlechtes. Auch als er ins Gefängnis geführt wurde, gab er nicht aus Unmut das Geheimnis preis. Selbst während seines langen Aufenthalts dort folgte er nicht dem Brauch der Häftlinge, den anderen über ihr missliches Schicksal zu berichten. Er verriet nichts. 248. Als sei ihm die Sache unbekannt, ergriff er auch bei seiner Deutung der Träume der Eunuchen und des Königs nicht die günstige Gelegenheit, etwas über seine edle Herkunft zu sagen, desgleichen bei seiner Ernennung zum Statthalter des Königs

---

128 Bei Gott ist alles möglich: ein Sprichwort (Lk 1,37).

129 Zum Stil vgl. Xenophon, *Kyrupädie* III 1,41: „Nachdem sie nach Hause gekommen waren, sprach der eine von Kyros' Weisheit, der andere von seiner Ausdauer, ein dritter von seiner Milde, mancher auch von seiner Schönheit und Größe."

130 Griechisch *karteria*, lateinisch *constantia* (Standhaftigkeit, Charakterfestigkeit, Prinzipientreue), eine zentrale Tugend der Stoiker.

und zum Lenker und Verwalter von ganz Ägypten. Oft hätte er reden können, um nicht als Mann von niederer Herkunft zu erscheinen, sondern als Mann aus guter Familie und nicht als Sklave von Geburt, sondern als jemand, der durch das Verbrechen jener, die solches am wenigsten tun sollten, ins Unglück gestürzt worden war. 249. Großes Lob erhielt er auch für sein gerechtes und freundliches Verhalten. Weil sie die Großtuerei und die Grobheit anderer Herrscher kannten, bewunderten sie um so mehr seine zurückhaltende Art. Schon bei ihrer ersten Reise hätte er sie töten können oder ihnen trotz ihrer Not die Ausgabe von Lebensmitteln verweigern können. Nichts davon hat er getan. Im Gegenteil: Er hatte sie nicht bestraft und, als hätten sie diese Gunst verdient, ihnen die Lebensmittel umsonst gegeben und befohlen, ihnen das Geld zu erstatten.

250. Die Sache mit dem Komplott gegen ihn und dem Verkauf war also völlig unbekannt, weshalb ihm die führenden Ägypter ihre Freude über den Besuch ausdrückten, als seien die Brüder zum ersten Mal gekommen. Sie boten ihnen Gastfreundschaft an und überbrachten die gute Nachricht eilends dem König. Alles war voller Freude, als wäre das Land wieder fruchtbar und als hätte sich der Mangel in Überfluss verwandelt. 251. Als der König von der Existenz des Vaters und von der zahlreichen Familie des Verwalters seines Landes erfuhr, forderte er dessen Brüder auf, mit ihrer ganzen Verwandtschaft ihre Heimat zu verlassen. Als neuen Siedlern versprach er ihnen den fruchtbarsten Teil des Landes. Die Brüder erhielten Last- und Reisewagen sowie mit Lebensmittel beladene Lasttiere und eine ausreichende Dienerschaft, um den Vater sicher nach Ägypten zu geleiten.

252. Zu Hause angekommen, erzählten sie dem Vater die unerwartete und unglaubliche Geschichte ihres Bruders, doch der Vater winkte ab, denn so glaubwürdig die Sprecher waren, so ließ das Ungewöhnliche der Sache doch nicht zu, ihr leichthin Glauben zu schenken. 253. Als der Greis aber die ihm aus diesem Anlass gesandten reichen Vorräte an Lebensmitteln sah, die mit dem Bericht über das Glück seines Sohnes in Einklang standen, da dankte er Gott für die Wiederherstellung seiner Familie durch die Rückkehr des verloren geglaubten Mitglieds. 254. Der Freude aber mischte sich sogleich die Sorge bei, der Sohn habe sich von der väterlichen Sitte

abgewandt.[131] Naturgemäß strauchelt die Jugend leicht, das wusste er. Auch ist es leichter, in der Fremde zu sündigen, zumal in Ägypten, wo man den wahren Gott in Blindheit verkennt und sich aus erschaffenen und vergänglichen Dingen Götter bildet. Auch dies bedachte er: Durch Reichtum und Ruhm werden kleine Geister verdorben. Auch da ihn niemand aus dem väterlichen Haus begleitet hatte und ihn also niemand zurechtweisen konnte, er folglich allein gelassen und guter Lehrer beraubt war, könnte er leicht zur Annahme fremder Sitten geneigt gewesen sein. 255. Doch jener, der allein in die unsichtbare Seele zu schauen vermag,[132] sah die Sorgen des Vaters, fasste Mitleid mit ihm und erschien ihm des Nachts im Schlaf: „Mache dir keine Sorgen wegen der Reise nach Ägypten. Ich selbst werde dich geleiten und dir die Reise sicher und angenehm machen (Gen 28,15). Den dreifach geliebten Sohn wirst du lebendig zurückerhalten – ihn, den seit Jahren totgeglaubten! Du wirst ihn als Herrscher über ein großes Land wiedersehen." Da wurde er guten Mutes und begab sich frühmorgens auf die Reise. 256. Durch alle, die die Wege überwachten, unterrichtet, wusste der Sohn, dass der Vater der Grenze nahe war, und eilte ihm entgegen. Bei der sogenannten Stadt der Heroen[133] trafen sie aufeinander. Sie fielen einander in die Arme, jeder drückte das Haupt auf die Schulter des anderen, und sie benetzten die Kleider mit Tränen. Lange lagen sie sich so in den Armen und fanden nur mühsam ein Ende. Dann eilten sie gemeinsam zum Palast des Königs.

257. Als der König den Greis erblickte, war er von dessen ehrwürdigem Aussehen überrascht. Er begrüßte ihn mit Ehrerbietung als handele es sich nicht um einen Untertanen, sondern um den eignen Vater. Nach Ende des üblichen, ja mehr als üblichen Zeremoniells wies er ihm ein Stück fruchtbares, ertragreiches Stück Land zu. Wie er nun erfuhr, waren seine Söhne Viehzüchter, deren Besitz großen-

---

131 Nach Philo (*De specialibus legibus* III 29) bringt insbesondere die Eheschließung eines Juden mit einer Nichtjüdin die Gefahr mit sich, die dem einen Gott gebührende Ehre, d. h. die jüdische Religion, zu vernachlässigen. Vgl. oben, zu Abschnitt 121.

132 Ein biblischer Gedanke (Spr 15,11; 1. Chr 28,9); vgl. Abschnitt 265.

133 Der erfundene Begegnungsort Heroonpolis entstammt der griechischen Übersetzung von Gen 46,28.

teils aus Vieherden besteht. Das nahm er zum Anlass, sie auch zu Hirten seines eigenen Viehs zu bestellen, seiner zahlreichen Herden von Ziegen, Rindern und Schafen.

Der Verwalter

258. Der junge Mann bewies seine Zuverlässigkeit in außerordentlichem Maße. Obwohl ihm die Zeit und die Verhältnisse viel Gelegenheit geboten hätten, sich zu bereichern, und er in kürzester Zeit weit und breit der wohlhabendste Mann hätte werden können, zog er doch den echten Reichtum dem unechten und den scharfsichtigen dem blinden vor.[134] Den gesamten Erlös aus dem Verkauf des Getreides, alles Silber und Gold, brachte er in die Schatzkammern des Königs. Nicht eine einzige Drachme[135] behielt er für sich, sondern nahm nur das, was ihm der König zum Dank überließ. 259. Wie das Haus eines Einzelnen verwaltete er Ägypten, und wie Ägypten wandte er auch den anderen vom Hunger geplagten Ländern und Völkern seine höchst lobenswerte Fürsorge zu. Die Nahrungsmittel verteilte er in angemessener Weise, so dass sie sowohl gegenwärtigen Nutzen als auch künftigen Vorteil brachten. 260. Im siebten Jahr der Hungersnot durfte man wieder auf Fruchtbarkeit und guten Ertrag hoffen; als diesen Jahr anbrach, rief er die Bauern zu sich und überließ ihnen Gerste und Weizen zur Aussaat. Niemand sollte etwas beiseite schaffen, sondern jeder sollte das, was er bekam, dem Boden anvertrauen. Zur Sicherung bestellte er sorgsam ausgewählte Späher und Wächter, welche die Aussaat überwachten.

Unruhe unter den Brüdern

261. Lange nach der Zeit der Hungersnot starb der Vater. Da argwöhnten die von Furcht ergriffenen Brüder, ihre böse Tat werde ihnen noch immer nachgetragen und nun müssten sie dafür büßen (Gen 50,15). Aus diesem Grund begaben sie sich zu ihm mitsamt

---

134 Nach Plato ist der Reichtum „nicht ein blinder, sondern ein scharfsichtiger, wenn er mit Verstand einhergeht" (*Nomoi* 631c).
135 Griechische Silbermünze.

ihren Frauen und Kindern, und baten unter Flehen um Verzeihung. 262. Unter Tränen erwiderte der Vorsteher des Landes:

„Der jetzige Zeitpunkt mag tatsächlich Besorgnis in jenen erregen, die einst ein Verbrechen begangen haben und nur durch ihr Gewissen[136] bestraft worden sind. Der Tod des Vaters hat die alte Furcht erneuert – als hätte ich Verzeihung nur gewährt, um den Vater nicht zu betrüben. 263. Die Zeitumstände aber haben keinen Einfluss auf mein Verhalten: Habe ich einmal versprochen, Frieden zu halten, so werde ich niemals feindselig handeln. Ich habe nicht auf die immer wieder verschobene Stunde der Rache gewartet, sondern für immer Freiheit von Strafe gewährt, teils aus Ehrfurcht vor dem Vater – ich will ja nicht die Unwahrheit sagen –, teils aus wirklicher Liebe zu euch. 264. Aber selbst wenn ich nur um des Vaters willen gütig und menschenfreundlich gehandelt hätte, würde ich es immer noch so halten, denn nach meiner Meinung ist kein tugendhafter Mensch wirklich tot. Als Seele nicht mehr unter dem Zwang des Körpers,[137] lebt der Mensch als unsterbliches Wesen ewig und altert nie. 265. Doch wozu des Vaters gedenken, der ein Geschöpf ist? Wir haben einen unerschaffenen, unsterblichen, ewigen Vater, der alles sieht und alles hört,[138] auch was verschwiegen wird. Er sieht auch das, was in der innersten Kammer der Seele vor sich geht.[139] Ihn rufe ich als Zeugen an für meine aufrichtige Versöhnung mit euch in meinem Gewissen. 266. Ich bin nämlich – wundert euch nicht über das Wort – ein Mann Gottes,[140] ein Mann also dessen,

---

136 Vgl. Abschnitt 47.
137 Anspielung auf das Bild vom Leib als dem Gefängnis der Seele; vgl. Plato, *Phaidon* 62b und *Kratylos* 400c.
138 Zitat aus Homer (*Ilias* III 277), der dies jedoch nicht von Zeus, sondern von Helios, dem Sonnengott, sagt.
139 Siehe Abschnitt 255.
140 Wörtlich „Ich bin des Gottes", d. h. ich gehöre Gott. Philo zitiert an dieser Stelle die griechische Übersetzung von Gen 50,19. Der Satz kann bedeuten: „Ich gehöre Gott und bin deshalb zu mildem Handeln verpflichtet." Bei Philo dürfte der Satz jedoch zusätzlich auf den göttlichen Charakter des idealen Herrschers hinweisen, den Josef verkörpert (vgl. Abschnitt 147). Nach dem Vorbild Alexanders des Großen versteht sich jeder Herrscher der hellenistisch-römischen Welt als „göttlicher Mensch" *(theios anēr)*, als Mensch, der gottgleich oder gottbegnadet ist. Überraschend ist Josefs Hinweis nur für

der eure verbrecherischen Pläne in übergroßes Glück verwandelt hat. Seid also ohne Furcht! Künftig soll es euch noch besser gehen als zu Lebzeiten des Vaters."

267. Nachdem er seine Brüder durch solche Worte beruhigt hatte, bestätigte er sein Versprechen durch Taten, indem er ihnen jegliche Fürsorge angedeihen ließ.

Epilog

Auch nach den Jahren der Hungersnot, als man sich wieder der Fruchtbarkeit des Landes und reicher Ernten erfreute, stand er bei allen Bewohnern in hohen Ehren, in Erinnerung an die Wohltaten, die er ihnen in der schlechten Zeit erwiesen hatte. 268. Sein Ruhm verbreitete sich und erreichte auch die Nachbarländer.

Er wurde 110 Jahre alt und starb in glücklichem Greisenalter, unübertroffen an Schönheit, Weisheit und Wortgewalt. 269. Von seiner leiblichen Schönheit[141] zeugt die rasende Liebe, die eine Frau für ihn empfand.[142] Von seiner Weisheit die gleichbleibende Klugheit in den vielen Wechselfällen seines Lebens, durch die er Ordnung in die Unordnung und Harmonie in das Unharmonische bringen konnte. Für seine Wortgewalt[143] zeugen seine Traumdeutungen, sein wortgewandter Umgang mit anderen und seine Fähigkeit, zu überzeu-

---

jüdische Leser, weil diese den Herrscherkult ablehnen. Vgl. auch Ciceros Meinung, der ideale Politiker sei „ein fast göttlicher Mensch" (*vir paene divinus; De re publica* I 45).

141 Schönheit gehört zum idealen Herrscher, vgl. den Hinweis von Xenophon (*Kyrupädie* I 2,1; I 4,27) auf die beeindruckende Schönheit des jungen Kyros von Persien. Schönheit verleiht einem Mann königliches Aussehen (Xenophon, *Symposion* I 8). Auch Mose hat man in der Antike die den Herrscher auszeichnende Schönheit angedichtet (Josephus, *Jüdische Altertümer* II 230–231).

142 Nämlich die Frau seines ägyptischen Herrn, vgl. Abschnitt 40. Von der Liebe der Ägypterin Asenat, die Josef heiratet (Gen 41,45), erzählt der antike Roman *Josef und Asenat*.

143 Ein Grieche kann sich keinen Gebildeten vorstellen, der nicht in Rhetorik geschult und selbst gewandter Redner wäre. Gerade ein Herrscher muss gut reden können. Nach Dion von Prusa (*Reden* II 18–24) ist gerade dem König die Beredsamkeit unentbehrlich. Hesiod (*Theogonie* 80–93) entwirft dazu eine mythische Szene: Schon bei der Geburt wird ein künftiger König von

gen, was ihm den freiwilligen, nicht erzwungenen Gehorsam jedes seiner Untertanen sicherte.[144] 270. Die ersten siebzehn Jahre seines Lebens – die Jahre bis zum Jünglingsalter – verbrachte er im Hause seines Vaters. Die folgenden dreizehn Jahre waren durch Leiden gekennzeichnet – er wurde Opfer eines Komplotts und verkauft, diente als Sklave, wurde verleumderisch angeklagt und ins Gefängnis gesteckt. Die übrigen achtzig Jahre aber waren die Zeit seiner glücklichen Herrschaft. Als hervorragender Verwalter und Ratgeber verstand er es vorzüglich, in Zeiten der Not wie in solchen des Überflusses die nötigen Vorkehrungen zu treffen.

---

den Musen begünstigt. Sie träufeln ihm süßen Tau auf die Zunge, so dass sein Wort später gewinnend, freundlich, aber auch entschieden und überzeugend zu wirken vermag.

144 Freiwilliger Gehorsam der Untertanen gegenüber dem Herrscher ist ein wiederkehrendes Thema im Werk Xenophons (*Hieron* XI 12; *Oeconomicus* XXI 12; *Kyrupädie* I 1,3). Das Thema klingt auch bei Plato an (*Politikos* 276e).

Abkürzungen der biblischen Bücher

Die Schriften der Bibel werden in der „Kleinen Bibliothek" mit folgenden Abkürzungen zitiert (in alphabetischer Reihenfolge):

1. Tenach/Altes Testament

Amos	Buch Amos
1. Chr	1. Buch der Chronik
2. Chr.	2. Buch der Chronik
Dan	Buch Daniel
Dtn	Deuteronomium (5. Buch Mose)
Esra	Buch Esra
Est	Buch Ester (Esther)
Ex	Exodus (2. Buch Mose)
Ez	Buch Ezechiel (Hesekiel)
Gen	Genesis (1. Buch Mose)
Hab	Buch Habakuk
Hag	Buch Haggai
Hiob	Buch Hiob (Ijob)
Hld	Hoheslied
Hos	Buch Hosea
Jer	Buch Jeremia
Jes	Buch Jesaja
Joel	Buch Joel
Jona	Buch Jona
Jos	Buch Josua
Klgl	Klagelieder des Jeremia
Koh	Buch Kohelet (Prediger Salomo)
1. Kön	1. Buch der Könige
2. Kön	2. Buch der Könige
Lev	Levitikus (3. Buch Mose)

Mal	Buch Maleachi
Mi	Buch Micha
Nah	Buch Nahum
Neh	Buch Nehemia
Num	Numeri (4. Buch Mose)
Ob	Buch Obadja
Ps	Buch der Psalmen
Ri	Buch der Richter
Rut	Buch Rut (Ruth)
Sach	Buch Sacharja
1. Sam	1. Buch Samuel
2. Sam	2. Buch Samuel
Spr	Buch der Sprüche (Sprüche Salomos)
Zeph	Buch Zephanja

Apokryphe bzw. deuterokanonische Schriften

Bar	Buch Baruch
Jdt	Buch Judit (Judith)
1. Makk	1. Makkabäerbuch
2. Makk	2. Makkabäerbuch
Sir	Buch Jesus Sirach (Ben Sira)
Tob	Buch Tobit
Weish	Buch der Weisheit (Weisheit Salomos)

2. Neues Testament

Apg	Apostelgeschichte
Eph	Brief an die Epheser
Gal	Brief an die Galater
Hebr	Brief an die Hebräer
Jak	Brief des Jakobus
1. Joh	1. Brief des Johannes
2. Joh	2. Brief des Johannes
3. Joh	3. Brief des Johannes
Joh	Evangelium nach Johannes
Jud	Brief des Judas

Kol	Brief an die Kolosser
1. Kor	1. Brief an die Korinther
2. Kor	2. Brief an die Korinther
Lk	Evangelium nach Lukas
Mk	Evangelium nach Markus
Mt	Evangelium nach Matthäus
Offb	Offenbarung (Apokalypse) des Johannes
1. Petr	1. Brief des Petrus
2. Petr	2. Brief des Petrus
Phil	Brief an die Philipper
Phlm	Brief an Philemon
Röm	Brief an die Römer
1. Thess	1. Brief an die Thessalonicher
2. Thess	2. Brief an die Thessalonicher
1. Tim	1. Brief an Timotheus
2. Tim	2. Brief an Timotheus
Tit	Brief an Titus